CONSUMIDORES y CIUDADANOS
Conflictos multiculturales de la globalización

Néstor García Canclini

CONSUMIDORES y CIUDADANOS
Conflictos multiculturales de la globalización

grijalbo

CONSUMIDORES Y CIUDADANOS
Conflictos multiculturales de la globalización

© 1995, Néstor García Canclini

D.R. © 1995 por EDITORIAL GRIJALBO, S.A. de C.V.
    Calz. San Bartolo Naucalpan núm. 282
    Argentina Poniente 11230
    Miguel Hidalgo, México, D.F.

ISBN 970-05-0586-3

IMPRESO EN MÉXICO

Para Sandra

Índice

TERCERA PARTE
NEGOCIACIÓN, INTEGRACIÓN Y DESENCHUFE

Introducción

Consumidores del siglo XXI, ciudadanos del XVIII

Este libro trata de entender cómo los cambios en la manera de consumir han alterado las posibilidades y las formas de ser ciudadano. Siempre el ejercicio de la ciudadanía estuvo asociado a la capacidad de apropiarse de los bienes y a los modos de usarlos, pero se suponía que esas diferencias estaban niveladas por la igualdad en derechos abstractos que se concretaban al votar, al sentirse representado por un partido político o un sindicato. Junto con la descomposición de la política y el descreimiento en sus instituciones, otros modos de participación ganan fuerza. Hombres y mujeres perciben que muchas de las preguntas propias de los ciudadanos —a dónde pertenezco y qué derechos me da, cómo puedo informarme, quién representa mis intereses— se contestan más en el consumo privado de bienes y de los medios masivos que en las reglas abstractas de la democracia o en la participación colectiva en espacios públicos.

En un tiempo en el que las campañas electorales se trasladan de los mítines a la televisión, de las polémicas doctrinarias a la confrontación de imágenes y de la persuasión ideológica a las encuestas de *marketing*, es coherente que nos sintamos convocados como consumidores aun cuando se nos interpele como ciudadanos. Si la tecnoburocratización de las decisiones y la uniformidad internacio-

13

nal impuesta por los neoliberales en la economía reducen lo que
está sujeto a debate en la orientación de las sociedades, pareciera
que éstas se planifican desde instancias globales inalcanzables y que
lo único accesible son los bienes y mensajes que llegan a nuestra
propia casa y usamos "como nos parece".

Lo propio y lo ajeno: una oposición que se desdibuja

Se puede percibir la radicalidad de estos cambios examinando el
modo en que ciertas frases del sentido común fueron variando su
significado hasta perderlo. A mediados de este siglo, era frecuente
en algunos países latinoamericanos que una discusión entre padres
e hijos sobre lo que la familia podía comprar o sobre la competencia
con los vecinos terminara con el dictamen paterno: "Nadie está
contento con lo que tiene". Esa "conclusión" manifestaba muchas
ideas a la vez: la satisfacción por lo que habían conseguido quienes
pasaron del campo a las ciudades, por los avances de la industrialización y el advenimiento a la existencia cotidiana de nuevos recursos de confort (la luz eléctrica, el teléfono, la radio, quizá el coche),
todo lo que los hacía sentir privilegiados habitantes de la modernidad. Quienes pronunciaban esa frase estaban contestando a los hijos que
arribaban a la educación media o superior y desafiaban a los padres con
nuevas demandas. Respondían a la proliferación de aparatos electrodomésticos, a los nuevos signos de prestigio y las ideas políticas
más radicales, a innovaciones del arte y la sensibilidad, aventuras de
las ideas y los afectos a las que les costaba incorporarse.

Las luchas generacionales acerca de lo necesario y lo deseable
muestran otro modo de establecer las identidades y construir lo que
nos distingue. Nos vamos alejando de la época en que las identidades
se definían por esencias ahistóricas: ahora se configuran más bien en
el consumo, dependen de lo que uno posee o es capaz de llegar a
apropiarse. Las transformaciones constantes en las tecnologías de
producción, en el diseño de los objetos, en la comunicación más
extensiva e intensiva entre sociedades —y de lo que esto genera en la

ampliación de deseos y expectativas— vuelven inestables las identidades fijadas en repertorios de bienes exclusivos de una comunidad étnica o nacional. Esa versión política del estar contento con lo que se tiene que fue el nacionalismo de los años sesenta y setenta, es vista hoy como el último esfuerzo de las élites desarrollistas, las clases medias y algunos movimientos populares por contener dentro de las tambaleantes fronteras nacionales la explosión globalizada de las identidades y de los bienes de consumo que las diferenciaban.

Finalmente, la frase perdió sentido. ¿Cómo vamos a estar felices con lo propio cuando ni siquiera se sabe qué es? En los siglos XIX y XX, la formación de naciones modernas permitió trascender las visiones aldeanas de campesinos e indígenas, y a su vez evitó que nos disolviéramos en la vasta dispersión del mundo. Las culturas nacionales parecían sistemas razonables para preservar, dentro de la homogeneidad industrial, ciertas diferencias y cierto arraigo territorial, que más o menos coincidían con los espacios de producción y circulación de los bienes. Comer como español, brasileño o mexicano era no sólo guardar tradiciones específicas, sino alimentarse con los productos de la propia sociedad, que estaban a la mano y solían ser más baratos que los importados. Una prenda de ropa, un coche o un programa de televisión resultaban más accesibles si eran nacionales. El valor simbólico de consumir "lo nuestro" estaba sostenido por una racionalidad económica. Buscar bienes y marcas extranjeros era un recurso de prestigio y a veces una elección de calidad. General Electric o Pierre Cardin: la internacionalización como símbolo de *status*. Kodak, los hospitales de Houston y Visconti representaban la industria, la atención médica y el cine que los países periféricos no teníamos, pero podríamos llegar a tener.

Esta oposición esquemática, dualista, entre lo propio y lo ajeno, no parece guardar mucho sentido cuando compramos un coche Ford montado en España, con vidrios hechos en Canadá, carburador italiano, radiador austríaco, cilindros y batería ingleses y el eje de transmisión francés. Enciendo mi televisor fabricado en Japón y lo que veo es un film-mundo, producido en Hollywood, dirigido por un cineasta polaco con asistentes franceses, actores y actrices de diez nacionalidades, y escenas filmadas en los cuatro países que pusieron financiamiento para hacerlo. Las grandes empresas que nos suministran alimentos y ropa, nos hacen viajar y embotellarnos en autopistas idénticas en todo el planeta, fragmentan el proceso de producción fabricando cada parte de los bienes en los países donde el costo es menor. Los objetos pierden la relación de fidelidad con los territorios originarios. La cultura es un proceso de ensamblado multinacional, una articulación flexible de partes, un montaje de rasgos que cualquier ciudadano de cualquier país, religión o ideología puede leer y usar.

Lo que diferencia a la *internacionalización* de la *globalización* es que en el tiempo de internacionalización de las culturas nacionales se podía no estar contento con lo que se tenía y buscarlo en otra parte. Pero la mayoría de los mensajes y bienes que consumíamos se generaba en la propia sociedad, y había aduanas estrictas, leyes de protección a lo que cada país producía. Ahora lo que se produce en todo el mundo está aquí y es difícil saber qué es lo propio. La internacionalización fue una apertura de las fronteras geográficas de cada sociedad para incorporar bienes materiales y simbólicos de las demás. La globalización supone una interacción funcional de actividades económicas y culturales dispersas, bienes y servicios generados por un sistema con muchos centros, en el que importa más la velocidad para recorrer el mundo que las posiciones geográficas desde las cuales se actúa.

Hay dos maneras de interpretar el descontento contemporáneo suscitado por la globalización. Algunos autores posmodernos se fijan en los sectores para los cuales el problema no es tanto lo que les falta, sino que lo que tienen se vuelve a cada instante obsoleto o fugaz. Analizaremos esta cultura de lo efímero al ocuparnos del pasaje de los espectadores que seleccionaban las películas por los nombres de los directores y los actores, por su ubicación en la historia del cine, a los videófilos interesados casi únicamente en los estrenos. Mucho de lo que se hace ahora en las artes se produce y circula según las reglas de las innovaciones y la obsolescencia periódica, no debido al impulso experimental, como en tiempos de las vanguardias, sino porque las manifestaciones culturales han sido sometidas a los valores que "dinamizan" el mercado y la moda: consumo incesantemente renovado, sorpresa y entretenimiento. Por razones semejantes la cultura política se vuelve errática: desde que se desvanecieron los relatos emancipadores que veían las acciones presentes como parte de una historia y búsqueda de un futuro renovador, las decisiones políticas y económicas se toman siguiendo las seducciones inmediatistas del consumo, el libre comercio sin memoria de sus errores, la importación atropellada de los últimos modelos que lleva a recaer, una y otra vez, como si cada una fuera la primera, en el endeudamiento y la crisis de la balanza de pagos.

Pero una visión integral también debe dirigir la mirada hacia los grupos donde las carencias se multiplican. El modo neoliberal de hacer la globalización consiste en reducir empleos para reducir los costos, compitiendo entre empresas transnacionales que no se sabe desde dónde se dirigen, de manera que los intereses sindicales y nacionales casi no pueden ejercerse. Todo esto lleva a que más del 40% de la población latinoamericana esté privada de trabajos estables y seguridades mínimas, sobreviva en las aventuras también globalizadas del comercio informal, de la electrónica japonesa vendida junto a ropas del sudeste asiático, junto a hierbas esotéricas y artesanías locales, en los alrededores de los semáforos: en esos vastos "suburbios" que son los centros históricos de las grandes ciudades, hay pocas razones para estar contentos mientras lo que llega de todas partes se ofrece y se disemina para que algunos tengan e inmediatamente olviden.

Qué duda cabe

Al mismo tiempo que admitimos como una tendencia irreversible la globalización, queremos participar con este libro en dos movimientos actuales de sospecha: los que desconfían de que lo global se presente como sustituto de lo local, y de que el modo neoliberal de globalizarnos sea el único posible.

Si consideramos las maneras diversas en que la globalización incorpora a distintas naciones, y a distintos sectores dentro de cada nación, su trato con las culturas locales y regionales no puede ser pensado como si sólo buscara homogeneizarlas. Muchas diferencias nacionales persisten bajo la transnacionalización, pero además el modo en que el mercado reorganiza la producción y el consumo para obtener mayores ganancias y concentrarlas convierte esas diferencias en desigualdades. Surge, entonces, la pregunta de si el estilo neoliberal de globalizarnos es el único, o el más satisfactorio, para efectuar la reestructuración transnacional de las sociedades.

Responder a esta pregunta requiere, evidentemente, profundizar el debate económico sobre las contradicciones del modelo neoliberal. Pero también hay que examinar lo que la globalización, el mercado y el consumo tienen de cultura. Nada de esto existe, o se transforma, sino porque los hombres nos relacionamos y construimos significados en sociedad. Aunque parezca trivial evocar este principio, demasiado a menudo los problemas del consumo y el mercado se plantean sólo como asuntos de eficiencia comercial, y la globalización como la manera de llegar rápido a más ventas. Son interpretaciones posibles de por qué los hombres vivimos juntos si se mira todo desde los negocios y la publicidad.

¿Qué otras perspectivas existen hoy? Hasta hace pocos años se pensaba como alternativa la mirada política. El mercado desacreditó esta actividad de una manera curiosa: no sólo luchando contra ella, exhibiéndose más eficaz para organizar las sociedades, sino también devorándola, sometiendo la política a las reglas del comercio y la publicidad, del espectáculo y la corrupción. Es necesario, entonces, ir hacia el núcleo de lo que en la política es relación social: el ejercicio de la ciudadanía. Y sin desvincular esta práctica de las actividades a través de las cuales sentimos que pertenecemos, que formamos parte de redes sociales, en esta época globalizada, o sea ocupándonos del consumo.

Para vincular el consumo con la ciudadanía, y a ésta con aquél, hay que desconstruir las concepciones que encuentran los comportamientos de los consumidores predominantemente irracionales y las que sólo ven a los ciudadanos actuando en función de la racionalidad de los principios ideológicos. En efecto, se suele imaginar al consumo como lugar de lo suntuario y superfluo, donde los impulsos primarios de los sujetos podrían ordenarse con estudios de mercado y tácticas publicitarias. Por otra parte, se reduce la ciudadanía a una cuestión política, y se cree que la gente vota y actúa respecto de las cuestiones públicas sólo por sus convicciones individuales y por la manera en que razona en los debates de ideas. Esta separación persiste aun en los últimos textos de un autor tan lúcido como Jürgen Habermas, cuando realiza la autocrítica a su viejo libro sobre el espacio público buscando "nuevos dispositivos institucionales adecuados para oponerse a la clientelización del ciudadano".[1]

Al analizar en el primer capítulo de este volumen cómo el consumo sirve para pensar partimos de la hipótesis de que, cuando seleccionamos los bienes y nos apropiamos de ellos, definimos lo que consideramos públicamente valioso, las maneras en que nos integramos y nos distinguimos en la sociedad, en que combinamos lo pragmático y lo disfrutable. Luego, exploramos cómo podría cambiar la visión del consumo y de la ciudadanía si se les examinara conjuntamente, con instrumentos de la economía y la sociología política, pero también como procesos culturales y por tanto con los recursos de la antropología para tratar la diversidad y la multiculturalidad. Coincido, así, con los estudios sobre ciudadanía cultural que se están efectuando en Estados Unidos: ser ciudadano no tiene que ver sólo con los derechos reconocidos por los aparatos estatales a quienes nacieron en un territorio, sino también con las prácticas sociales y culturales que dan sentido de pertenencia y hacen sentir diferentes a quienes poseen una misma lengua, semejantes formas de organizarse y satisfacer sus necesidades.[2]

[1] Jürgen Habermas, "L'espace public, 30 ans aprés", *Quaderni*, núm. 18, París, otoño de 1992.

[2] Véanse, de Richard Flores y otros, "Concept Paper on Cultural Citizenship", mimeo del Grupo de Trabajo sobre Estudios Culturales de IUP, y de Renato Rosaldo, "Cultural Citizenship in San José, California", ponencia presentada en la sesión Citizenship Contested, Reunión Anual de la Asociación Antropológica Americana, Washington, D.C., noviembre de 1993.

Sin embargo, cabe aclarar que los trabajos estadunidenses sobre ciudadanía cultural van dirigidos a legitimar a las minorías, cuyas prácticas lingüísticas, educativas y de género no son suficientemente reconocidas por el Estado. Comparto el interés por abrir la noción estatizante de ciudadanía a esa diversidad multicultural, pero —como se verá por la importancia concedida en este libro a las políticas culturales— pienso que la afirmación de la diferencia debe unirse a una lucha por la reforma del Estado, no simplemente para que acepte el desarrollo autónomo de "comunidades" diversas, sino también para garantizar igualdad de acceso a los bienes de la globalización.

También en América Latina la experiencia de los movimientos sociales está llevando a redefinir lo que se entiende por ciudadano, no sólo en relación con los derechos a la igualdad sino también con los derechos a la diferencia. Esto implica una desustancialización del concepto de ciudadanía manejado por los juristas: más que como valores abstractos, los derechos importan como algo que se construye y cambia en relación con prácticas y discursos. La ciudadanía y los derechos no hablan únicamente de la estructura formal de una sociedad; además, indican el estado de la lucha por el reconocimiento de los otros como sujetos de "intereses válidos, valores pertinentes y demandas legítimas". Los derechos son reconceptualizados "como principios reguladores de las prácticas sociales, definiendo las reglas de las reciprocidades esperadas en la vida en sociedad a través de la atribución mutuamente acordada (y negociada) de las obligaciones y responsabilidades, garantías y prerrogativas de cada uno". Se concibe a los derechos como expresión de un orden estatal y como "una gramática civil".[3]

En verdad, apenas estamos alcanzando este equilibrio entre Estado y sociedad. El rechazo a la dominación y al monolitismo estatales hicieron sobrevalorar en los años setenta y ochenta la autonomía y la fuerza transformadora de los movimientos sociales.

[3] Vera da Silva Telles, "Sociedade civil e a construção de espaços públicos", en Evelina Dagnino (org.), *Anos 90. Política e sociedade no Brasil*, Sao Paulo, Editora Brasiliense, 1994, pp. 91-92.

Reconcebir la ciudadanía como "estrategia política"[4] sirve para abarcar las prácticas emergentes no consagradas por el orden jurídico, el papel de las subjetividades en la renovación de la sociedad, y, a la vez, para entender el lugar relativo de estas prácticas dentro del orden democrático y buscar nuevas formas de legitimidad estructuradas en forma duradera en otro tipo de Estado. Supone tanto reivindicar los derechos de acceder y pertenecer al sistema sociopolítico como el derecho a participar en la reelaboración del sistema, definir por tanto aquello en lo cual queremos ser incluidos.

Al repensar la ciudadanía en conexión con el consumo y como estrategia política, buscamos un marco conceptual en el que puedan considerarse conjuntamente las actividades del consumo cultural que configuran una dimensión de la ciudadanía, y trascender el tratamiento atomizado con que ahora se renueva su análisis. La insatisfacción con el sentido jurídico-político de ciudadanía está llevando a defender la existencia, como dijimos, de una ciudadanía cultural, y también de una ciudadanía racial, otra de género, otra ecológica, y así podemos seguir despedazando la ciudadanía en una multiplicidad infinita de reivindicaciones.[5] En otro tiempo el Estado daba un encuadre (aunque fuera injusto y sesgado) a esa variedad de participaciones en la vida pública; actualmente, el mercado establece un régimen convergente para esas formas de participación a través del orden del consumo. En respuesta, necesitamos una concepción estratégica que articule las diferentes modalidades de ciudadanía en los escenarios viejos y nuevos, pero estructurados complementariamente, del Estado y el mercado.

Esta revisión de los vínculos entre Estado y sociedad no puede hacerse sin tener en cuenta las nuevas condiciones culturales de rearticulación entre lo público y lo privado. Sabemos que el ámbito de lo público, como escenario donde los ciudadanos discuten y

---

[4] Evelina Dagnino, "Os movimentos sociais e a emergencia de una nova noçao de ciudadania", en E. Dagnino (org.), *op. cit.*, pp. 103-115.

[5] Esta perspectiva diseminada sobre la ciudadanía se advierte en libros recientes como el de Bart van Steenbergen (ed.), *The Condition of Citizenship* (Londres-Thousand Oaks-Nueva Delhi, Sage Publications, 1994), donde diferentes autores tratan cada una de las modalidades nombradas.

deciden los asuntos de interés colectivo, se formó a partir del siglo
XVIII en países como Alemania y Francia con un alcance restringido.
Quienes leían y participaban en círculos ilustrados establecieron
una cultura democrática centrada en la crítica racional. Pero las
reglas y los rituales de ingreso a los salones de la burguesía demo-
cratizadora limitaban el debate sobre el interés común a quienes
podían informarse leyendo y comprender lo social desde las reglas
comunicativas de la escritura. Hasta mediados del siglo XX, los
vastos sectores excluidos de la esfera pública burguesa —mujeres,
obreros, campesinos— eran pensados, en el mejor de los casos,
como virtuales ciudadanos que podían irse incorporando a las delibe-
raciones sobre el interés común en la medida en que se educaran
en la cultura letrada. Por eso, los partidos de izquierda y los movimientos sociales que representaban a los excluidos manejaron una
política cultural gutemberguiana: libros, revistas, panfletos.

Unos pocos intelectuales y políticos (por ejemplo, Mijaíl Bajtín,
Antonio Gramsci, Raymond Williams y Richard Hoggart) fueron
admitiendo la existencia paralela de culturas populares que consti-
tuían "una esfera pública plebeya", informal, organizada por medio
de comunicaciones orales y visuales más que escritas. En muchos
casos, tendían a verla —al modo de Günther Lottes en un texto no tan
lejano, de 1979— como "una variante de la esfera pública burguesa", cuyo "potencial emancipador" y sus "presuposiciones sociales
han sido suspendidos".[6] Algunos autores latinoamericanos venimos
trabajando en el estudio y reconocimiento *cultural* de estas modalidades diversas de comunicación, pero hemos hecho poco en la
valoración teórica de estos circuitos populares como foros donde se
desarrollan redes de intercambio de información y aprendizaje de
la ciudadanía en relación con el consumo de los medios masivos
contemporáneos, más allá de las idealizaciones fáciles del populismo político y comunicacional.[7]

---

[6] Günther Lottes, *Politische Aufklärung und Plebejisches Publileum*, Munich, 1979, p. 110,
citado por Jürgen Habermas, "L'espace public, 30 ans après", *op. cit.*
[7] Algunos ejemplos de textos que inauguran este trabajo: Jesús Martín Barbero, *De los
medios a las mediaciones*, México, G. Gili, 1987; Beatriz Sarlo, *Escenas de la vida posmoder-*

No fueron tanto las revoluciones sociales, ni el estudio de las culturas populares, ni la sensibilidad excepcional de algunos movimientos alternativos en la política y en el arte, como el crecimiento vertiginoso de las tecnologías audiovisuales de comunicación lo que volvió patente de qué manera venían cambiando desde el siglo pasado el desarrollo de lo público y el ejercicio de la ciudadanía. Pero estos medios electrónicos que hicieron irrumpir a las masas populares en la esfera pública fueron desplazando el desempeño ciudadano hacia las prácticas de consumo. Se establecieron otros modos de informarse, de entender las comunidades a las que se pertenece, de concebir y ejercer los derechos. Desilusionados de las burocracias estatales, partidarias y sindicales, los públicos acuden a la radio y la televisión para lograr lo que las instituciones ciudadanas no proporcionan: servicios, justicia, reparaciones o simple atención. No se puede afirmar que los medios masivos con teléfono abierto, o que reciben a sus receptores en los estudios, sean más eficaces que los organismos públicos, pero fascinan porque escuchan y la gente siente que no hay que "atenerse a dilaciones, plazos, procedimientos formales que difieren o trasladan las necesidades"..."La escena televisiva es rápida y parece transparente; la escena institucional es lenta y sus formas (precisamente las formas que hacen posible la existencia de instituciones) son complicadas hasta la opacidad que engendra la desesperanza".[8]

Sin embargo, no se trata simplemente de que los viejos agentes — partidos, sindicatos, intelectuales — hayan sido reemplazados por los medios de comunicación. La aparición súbita de estos medios pone en evidencia una reestructuración general de las articulaciones entre lo público y lo privado que se aprecia también en el reordenamiento de la vida urbana, la declinación de las naciones como entidades contenedoras de lo social y la reorganización de las funciones de los actores políticos tradicionales. Por eso, la investigación de las transformaciones suscitadas por las industrias cultu-

---

na. *Intelectuales, arte y videocultura en la Argentina*, Buenos Aires, Ariel, 1994; Aníbal Ford, *Navegaciones. Comunicación, cultura y crisis*, Buenos Aires, Amorrortu, 1994; Renato Ortiz, *Mundializaçao e cultura*, Sao Paulo, Brasiliense, 1994.

[8] Beatriz Sarlo, *op. cit.*, p. 83.

rales es precedida en la primera sección de este libro por la remodelación del consumo y de la vida cotidiana en las megaciudades.
Los cambios comunicacionales y tecnológicos son leídos como
parte de reestructuraciones más amplias.

La nueva escena sociocultural

Podemos sintetizar en cinco procesos las modificaciones socioculturales que están ocurriendo en todos estos campos:

a) Un redimensionamiento de las instituciones y los circuitos de
ejercicio de lo público: pérdida de peso de los organismos
locales y nacionales en beneficio de los conglomerados empresariales de alcance transnacional.
b) La reformulación de los patrones de asentamiento y convivencia urbanos: del barrio a los condominios, de las interacciones
próximas a la diseminación policéntrica de la mancha urbana,
sobre todo en las grandes ciudades, donde las actividades
básicas (trabajar, estudiar, consumir) se realizan a menudo
lejos del lugar de residencia y donde el tiempo empleado para
desplazarse por lugares desconocidos de la ciudad reduce el
disponible para habitar el propio.
c) La reelaboración de "lo propio", debido al predominio de los
bienes y mensajes procedentes de una economía y una cultura
globalizadas sobre los generados en la ciudad y la nación a las
cuales se pertenece.
d) La consiguiente redefinición del sentido de pertenencia e
identidad, organizado cada vez menos por lealtades locales o
nacionales y más por la participación en comunidades transnacionales o desterritorializadas de consumidores (los jóvenes
en torno del rock, los televidentes que siguen los programas
de CNN, MTV y otras cadenas transmitidas por satélites).
e) El pasaje del ciudadano como representante de una opinión
pública al ciudadano como consumidor interesado en disfru-

tar de una cierta calidad de vida. Una de las manifestaciones de este cambio es que las formas argumentativas y críticas de participación ceden su lugar al goce de espectáculos en los medios electrónicos, en los cuales la narración o simple acumulación de anécdotas prevalece sobre el razonamiento de los problemas, y la exhibición fugaz de los acontecimientos sobre su tratamiento estructural y prolongado.

Muchos de estos cambios eran incipientes en los procesos de industrialización de la cultura desde el siglo XIX. Se comprueba en los estudios sobre las raíces de la telenovela en el teatro de plaza y el folletín, los antecedentes de la masificación radial y televisiva en lo que antes hicieron la escuela y la Iglesia,[9] en suma, las bases culturales de lo que ahora se identifica como la esfera pública plebeya. Lo novedoso de la segunda mitad del siglo XX es que estas modalidades audiovisuales y masivas de organización de la cultura fueron subordinadas a criterios empresariales de lucro, así como a un ordenamiento global que desterritorializa sus contenidos y formas de consumo. La conjunción de las tendencias desreguladoras y privatizadoras con la concentración transnacional de las empresas ha reducido las voces públicas, tanto en la "alta cultura" como en la popular. Esta reestructuración de las prácticas económicas y culturales conduce a una concentración hermética de las decisiones en élites tecnológico-económicas y genera un nuevo régimen de exclusión de las mayorías incorporadas como clientes. La pérdida de eficacia de las formas tradicionales e ilustradas de participación ciudadana (partidos, sindicatos, asociaciones de base) no es compensada por la incorporación de las masas como consumidoras u ocasionales participantes de los espectáculos que los poderes políticos, tecnológicos y económicos ofrecen en los medios.

Podríamos decir que en el momento en que estamos saliendo del siglo XX las sociedades se reorganizan para hacernos consumidores del siglo XXI y regresarnos como ciudadanos al XVIII. La distribución

---

[9] Jesús Martín Barbero, *op. cit.*, 2a. parte.

global de los bienes y de la información permite que en el consumo los países centrales y periféricos se acerquen: compramos en supermercados análogos los productos transnacionales, vemos en la televisión las últimas películas de Spielberg o Wim Wenders, las Olimpiadas de Barcelona, la caída de un presidente de Asia o América Latina filmada en directo y los destrozos del último bombardeo serbio. En los países latinoamericanos se transmiten en promedio más de 500 mil horas anuales de televisión, mientras los de la Europa latina cuentan sólo con 11 mil; en Colombia, Panamá, Perú y Venezuela hay más de una videocasetera por cada tres hogares con televisión, proporción más alta que en Bélgica (26.3%) o Italia (16.9%).[10] Somos subdesarrollados en la producción endógena para los medios electrónicos, pero no en el consumo.

¿Por qué este acceso simultáneo a los bienes materiales y simbólicos no va junto con un ejercicio global y más pleno de la ciudadanía? El acercamiento al confort tecnológico y a la información actual de todas partes coexiste con el resurgimiento de etnocentrismos fundamentalistas que aíslan a pueblos enteros o los enfrentan mortalmente, como a los ex yugoeslavos y a los ruandeses. La contradicción estalla, sobre todo, en los países periféricos y en las metrópolis donde la globalización selectiva excluye a desocupados y migrantes de los derechos humanos básicos: trabajo, salud, educación, vivienda. El proyecto iluminista de generalizar esos derechos llevó a buscar, a lo largo de los siglos XIX y XX, que la modernidad fuera el hogar de todos. Al imponerse la concepción neoliberal de la globalización, según la cual los derechos son desiguales, las novedades modernas aparecen para la mayoría sólo como objetos de consumo, y para muchos apenas como espectáculo. El derecho de ser ciudadano, o sea, de decidir cómo se producen, se distribuyen y se usan esos bienes, queda restringido otra vez a las élites.

[10] Información del World Communications Report publicado por la UNESCO en 1990, citada por Rafael Roncagliolo, "La integración audiovisual en América Latina: Estados, empresas y productores independientes", ponencia presentada al simposio Políticas culturales en procesos de integración supranacional, México, 3 al 5 de octubre de 1994.

Sin embargo, cuando se reconoce que al consumir también se piensa, se elige y reelabora el sentido social hay que analizar cómo interviene esta área de apropiación de bienes y signos en formas más activas de participación que las que habitualmente se ubican bajo el rótulo de consumo. En otros términos, debemos preguntarnos si al consumir no estamos haciendo algo que sustenta, nutre y hasta cierto punto constituye un nuevo modo de ser ciudadanos.

Si la respuesta es positiva, será preciso aceptar que el espacio público desborda ahora la esfera de las interacciones políticas clásicas. Lo público es "el marco 'mediático' gracias al cual el dispositivo institucional y tecnológico propio de las sociedades posindustriales es capaz de presentar a un 'público' los múltiples aspectos de la vida social".[11]

Del pueblo a la sociedad civil

Estudiar la reestructuración de los vínculos entre consumo y ciudadanía es un modo de explorar salidas del laberinto en que nos ha dejado la crisis de "lo popular". Todavía se escucha en manifestaciones políticas de ciudades latinoamericanas: "Si éste no es el pueblo, ¿el pueblo dónde está?" Esa fórmula resultaba verosímil en los años setenta cuando las dictaduras militares suprimieron los partidos, sindicatos y movimientos estudiantiles. Cien o doscientas mil personas reunidas en la Plaza de Mayo de Buenos Aires, en la Alameda de Santiago de Chile o recorriendo las calles de Sao Paulo sentían que su desafiante irrupción representaba a los que habían perdido la posibilidad de expresarse a través de las instituciones políticas. La restitución de la democracia abrió tales espacios, pero en esos países —como en los demás— la crisis de los modelos liberales, populistas y socialistas, el agotamiento de las formas tradicionales de representación y la absorción de la esfera pública por los medios masivos volvieron dudosa aquella proclama. En las naciones donde el voto

[11] Jean-Marc Ferry, "Las transformaciones de la publicidad política", en J. M. Ferry, Dominique Wolton y otros, *El nuevo espacio público*, Barcelona, Gedisa, 1992, p. 19.

es voluntario más de la mitad de la población se abstiene en las elecciones; donde es obligatorio, las encuestas revelan que un 30 a 40% no sabe por quién votar una semana antes de los comicios. Si las manifestaciones en calles y plazas se empequeñecen, y se dispersan en múltiples partidos, movimientos juveniles, indígenas, feministas, de derechos humanos y tantos otros, nos quedamos con la última parte de la cuestión: el pueblo ¿dónde está?

Además, cuando lo que llamamos el pueblo vota, surge otra pregunta inquietante: ¿por qué consiguen líderes que empobrecieron a las mayorías preservar el consenso entre las masas perjudicadas? No hay una sola explicación. Más bien se trata de armar un rompecabezas: entender cómo las fuerzas hegemónicas vienen logrando situarse en los escenarios estratégicos de la economía, la política y las comunicaciones donde se transformaron las sociedades de esta segunda mitad del siglo XX. En contraste, registramos la incapacidad de los movimientos de izquierda, socialistas o simplemente democráticos para actuar en esos escenarios decisivos, mientras se la pasaron discutiendo donde la lucha no se estaba dando o repitiendo argumentos de temporadas anteriores. Ya mencionamos el tardío descubrimiento de que los debates de interés público y la construcción de alternativas debían hacerse (también) en los medios electrónicos donde se informan las mayorías.

La dificultad para seguir hablando en nombre de lo popular ha llevado, más que a un cuestionamiento radical del discurso y de las políticas de representación, a sustituir ese término por el de sociedad civil. A mediados de los noventa, en México, por ejemplo, dicen interpretar a la sociedad civil tanto los partidos de oposición como decenas de movimientos urbanos, juveniles, feministas, clericales y la guerrilla neozapatista que cuestionan la deficiente capacidad de los partidos para expresar las demandas sociales. La fórmula "sociedad civil" tiene la ventaja, a veces, de diferenciar a sus "voceros" del Estado, pero la variedad de sus representantes, el carácter a menudo antagónico de sus reclamos y la adhesión casi siempre minoritaria que los sustenta reproduce los problemas que había dejado irresueltos la conceptualización de lo popular.

Así como "lo popular" se fue volviendo inaprehensible por la multiplicidad de puestas en escena con que el folclor, las industrias culturales y el populismo político lo representan, hoy se usa sociedad civil para legitimar las más heterogéneas manifestaciones de grupos, organismos no gubernamentales, empresas privadas y aun individuos. Pese a los variados intereses y estrategias que animan a estos sectores, todos coinciden en acusar al Estado de las desdichas sociales y suponen que la situación mejoraría si éste cediera iniciativas y poder a la sociedad civil. Pero como cada uno entiende algo distinto por este nombre, esa entidad amorfa aparece como una típica comunidad imaginada, al modo en que Benedict Anderson concibió a la nación.[12]

Sociedad civil: al leer cómo se habla de ella, es posible imaginarla como "una señora que entiende muy bien las cosas, sabe lo que quiere y lo que tiene que hacer, es buena, buena, y, desde luego, la única adversaria posible de la perversidad estatal. Es tan virtuosa y tiene tanta seguridad en sí misma, que da miedo".[13] La sociedad civil, nueva fuente de certezas en este tiempo de incertidumbres, parece otro concepto totalizador destinado a negar el heterogéneo y desintegrado conjunto de voces que circulan por las naciones. Algunos autores definen los modos de interacción social que la expresión sociedad civil abarca como distintos de la economía y del Estado, aunque entrelazados con ellos. Quienes a mi parecer mejor lo reformulan son Jean L. Cohen y Andrew Arato al incluir —y a la vez diferenciar— "la esfera íntima (especialmente la familia), la esfera de asociaciones (especialmente asociaciones voluntarias), los movimientos sociales y las formas de comunicación pública",[14] aunque su voluminosa obra considera marginalmente esta última modalidad.

La aproximación de la ciudadanía, la comunicación masiva y el consumo tiene, entre otros fines, reconocer estos nuevos escenarios

---

[12] Benedict Anderson, *Imagined Communities: Reflection on the Origin and Spread of Nationalism*, Londres, Verso, 1983.

[13] Soledad Loaeza, "La sociedad civil me da miedo", *Cuadernos de Nexos*, 69, marzo de 1994, pp. V-VI.

[14] Jean L. Cohen y Andrew Arato, *Civil and Political Theory*, Cambridge, Massachusetts, y Londres, MIT Press, 1994, p. IX.

de constitución de lo público y mostrar que para vivir en sociedades democráticas es indispensable aceptar que el mercado de opiniones ciudadanas incluye tanta variedad y disonancia como el mercado de la ropa y los entretenimientos. Recordar que los ciudadanos somos también consumidores lleva a encontrar en la diversificación de los gustos una de las bases estéticas que justifican la concepción democrática de la ciudadanía.

La reinvención de las políticas

Si reconocemos este desplazamiento de los escenarios donde se ejerce la ciudadanía (del pueblo a la sociedad civil) y esta reestructuración del peso de lo local, lo nacional y lo global, algo tendrá que pasarle a la forma en que las políticas representan las identidades. Deberá surgir otro modo cultural de hacer política, y otro tipo de políticas culturales.

El proceso que comenzamos a describir como globalización puede resumirse como el pasaje de las identidades modernas a otras que podríamos nombrar, aunque el término sea cada vez más incómodo, como posmodernas. *Las identidades modernas eran territoriales y casi siempre monolingüísticas.* Se fijaron subordinando a las regiones y etnias dentro de un espacio más o menos arbitrariamente definido, llamado nación, y oponiéndola —bajo la forma que le daba su organización estatal— a otras naciones. Aun en zonas multilingüísticas, como en el área andina y en la mesoamericana, las políticas de homogeneización modernizadora escondieron la multiculturalidad bajo el dominio del español y la diversidad de formas de producción y consumo dentro de los formatos nacionales.

En cambio, *las identidades posmodernas son transterritoriales y multilingüísticas.* Se estructuran menos desde la lógica de los Estados que de los mercados; en vez de basarse en las comunicaciones orales y escritas que cubrían espacios personalizados y se efectuaban a través de interacciones próximas, operan mediante la producción industrial de cultura, su comunicación tecnológica y el consumo diferido y segmentado de los bienes. La clásica definición *socioespacial* de identidad, referida a un territorio particular, necesita complementarse con una definición *sociocomunicacional*. Tal reformulación teórica debiera significar, a nivel de las políticas identitarias (o culturales) que éstas, además de ocuparse del patrimonio histórico, desarrollen estrategias respecto de los escenarios informacionales y comunicacionales donde también se configuran y renuevan las identidades.[15]

¿Qué ciudadanía puede expresar este nuevo tipo de identidad? En la primera parte intentamos pensar al ciudadano actual más como habitante de la ciudad que de la nación. Se siente arraigado en su cultura local (y no tanto en la nacional de la que le hablan el Estado y los partidos), pero esa cultura de la ciudad es lugar de intersección de múltiples tradiciones nacionales —las de los migrantes reunidos en cualquier metrópoli— que a su vez son reorganizadas por el flujo transnacional de bienes y mensajes.

Pierden fuerza, entonces, los referentes jurídico-políticos de la nación, formados en la época en que la identidad se vinculaba exclusivamente con territorios propios. Se desvanecen las identidades concebidas como expresión de un ser colectivo, una idiosincrasia y una comunidad imaginadas, de una vez para siempre, a partir de la tierra y la sangre. La cultura nacional no se extingue, pero se convierte en una fórmula para designar la continuidad de una memoria histórica inestable, que se va reconstruyendo en interacción con referentes culturales transnacionales. Por eso, los pasaportes y los documentos nacionales de identidad se transforman en multinacionales (como en la Unión Europea) o coexisten con otros: millones de habitantes de este fin de siglo tienen varios pasaportes de distintas nacionalidades, o usan más el documento que los acre-

---

[15] Como en parte queda dicho en páginas precedentes, no entiendo esta diferenciación analítica entre identidades modernas y posmodernas como una separación tajante. Concibo a la posmodernidad no como una etapa totalmente distinta ni sustitutiva de la modernidad, sino como un desarrollo de tendencias modernas que se reelaboran en los conflictos multiculturales de la globalización. Desarrollé esta posición en mi libro *Culturas híbridas: estrategias para entrar y salir de la modernidad*, México, Grijalbo, 1990.

dita como migrantes que el que los vincula a su territorio natal. O son simplemente indocumentados. ¿Cómo van a creerse ciudadanos de un solo país? A diferencia de la noción jurídica de ciudadanía, que los Estados intentan delimitar sobre la base de una "mismidad", se desarrollan formas heterogéneas de pertenencia, cuyas redes se entrelazan con las del consumo: "un espacio de luchas, un terreno de memorias diferentes y un encuentro de voces desiguales".[16]

Los acuerdos de libre comercio e integración supranacional (Unión Europea, Tratado de Libre Comercio de América del Norte, Mercosur), a los que me refiero en la segunda parte de este libro, están dando *configuraciones institucionales* [17] específicas a este pasaje de lo nacional a lo global y de lo público a lo privado. Al estudiar diferencialmente los cambios que dichos acuerdos comerciales provocan en distintas áreas socioculturales, estamos tratando de superar la preocupación metafísica por la "pérdida de la identidad" que, atrapada casi siempre en una visión fundamentalista de las culturas étnicas y nacionales, es incapaz de discernir los diversos efectos de la globalización. El análisis empírico de estos procesos permite distinguir cuatro circuitos socioculturales, en los que la transnacionalización y las integraciones regionales operan de modos diferentes:

- El *histórico-territorial*, o sea el conjunto de saberes, hábitos y experiencias organizado a lo largo de varias épocas en relación con territorios étnicos, regionales y nacionales, y que se manifiesta sobre todo en el patrimonio histórico y la cultura popular tradicional.
- El de *la cultura de élites*, constituido por la producción simbólica escrita y visual (literatura, artes plásticas). Históricamente, este sector forma parte del patrimonio en el que se define y elabora lo propio de cada nación, pero conviene diferenciarlo del circuito anterior porque abarca las obras representativas

---

[16] Roberto Alejandro, *Hermeneutics, Citizenship, and the Public Sphere*, Nueva York, State University of New York Press, 1993, pp. 6-7.

[17] Tomo esta expresión de Peter Dahlgren, "Introduction" al libro de P. Dahlgren y Colin Sparks (eds.), *Communication and Citizenship*, Londres y Nueva York, Routledge, 1993.

de las clases altas y medias con mayor nivel educativo, porque no es conocido ni apropiado por el conjunto de cada sociedad y en los últimos decenios se ha integrado a los mercados y procedimientos de valoración internacionales.

- El de *la comunicación masiva*, dedicado a los grandes espectáculos de entretenimiento (radio, cine, televisión, video).

- El de *los sistemas restringidos de información y comunicación* destinados a quienes toman decisiones (satélite, fax, teléfonos celulares y computadoras).

Vamos a ir diferenciando a lo largo del libro estos cuatro circuitos de desarrollo cultural para distinguir los niveles diversos de integración al desarrollo supranacional. La reestructuración de las culturas nacionales no ocurre del mismo modo, ni con idéntica profundidad, en todos estos escenarios, y por tanto la recomposición de las identidades también varía según su compromiso con cada uno de ellos.

La competencia de los Estados nacionales y de sus políticas culturales disminuye a medida que transitamos del primer circuito al último. A la inversa, los estudios sobre consumo cultural muestran que cuanto más jóvenes son los habitantes sus comportamientos dependen más de los dos últimos circuitos que de los dos primeros. En las nuevas generaciones las identidades se organizan menos en torno de los símbolos histórico-territoriales, los de la memoria patria, que alrededor de los de Hollywood, Televisa o Benetton. Mientras en las grandes ciudades los centros históricos pierden peso, las poblaciones se diseminan: los jóvenes encuentran en ellas, en vez de núcleos organizadores, "márgenes para inventarse". La identidad pasa a ser concebida como el "punto focal de un repertorio estallado de mini-roles más que como el núcleo de una hipotética interioridad" [18] contenida y definida por la familia, el barrio, la ciudad, la nación o cualquiera de esos encuadres declinantes. ¿Pueden ser las identidades, en estas condiciones, objeto de políticas?

---

[18] Pierre-Yves Pétillon, "O! Chicago: images de la ville en chantier", en Jean Baudrillard y otros, *Citoyenneté et urbanité*, París, Editions Esprit, 1991, p. 144.

Existen formas de solidaridad política nacional y transnacional, como las de movimientos ecológicos y organizaciones no gubernamentales, apropiadas para ejercer la ciudadanía en un mundo globalizado. Pero las masas y aun los sectores politizados sienten poco atractivas esas estructuras internacionales. Así lo revelan la baja participación en las elecciones para el parlamento europeo en 1994 y el escaso eco que tienen en las agendas de movimientos sociales y partidos políticos nacionales los proyectos de integración latinoamericana.

Al analizar más adelante el lugar de la cultura en estos acuerdos de integración supranacional y libre comercio en Europa, entre EU, México y Canadá, y entre algunos países latinoamericanos, sospechamos que tal vez se trata sólo de arreglos entre empresarios. ¿Qué eficacia pueden alcanzar las políticas culturales de integración si siguen limitadas a la preservación de patrimonios monumentales y folclóricos, a las artes cultas que están perdiendo espectadores? No es una duda menor, entre las que cabe plantear a la globalización, la que indaga si los acuerdos de libre comercio servirán para el desarrollo endógeno de las industrias culturales (cine, televisión, video), donde hoy se forman los gustos masivos y la ciudadanía. ¿O nos quedaremos simplemente profundizando nuestra vocación de suburbios norteamericanos? Conviene saber que si esta tendencia se consolida no es sólo a causa de la unilateralidad de las políticas culturales. A través del estudio sobre la creciente "americanización" en los gustos de los consumidores de cine y video, comprobamos que se trata también de una inclinación de "la sociedad civil".

No sé si la fórmula "americanización" (sería más preciso hablar de norteamericanización) es adecuada, pero no encuentro otra mejor. Conviene aclarar desde ahora que no me refiero sólo a la hegemonía de los capitales y empresas de origen estadunidense, sin duda un factor clave para que la globalización se estreche hasta confundirse con la exportación a todo el planeta del cine, la televisión y el estilo de comida de un solo país. Los cambios en la oferta y en los gustos de los espectadores que analizamos indican que el control económico de EU va asociado al auge de ciertos rasgos estéticos y culturales que no son exclusivos de ese país, pero encuentran en él un representante ejemplar: el predominio de la acción espectacular sobre formas más reflexivas e íntimas de narración, la fascinación por un presente sin memoria y la reducción de las diferencias entre sociedades a una multiculturalidad estandarizada donde los conflictos, cuando son admitidos, se "resuelven" con maneras demasiado occidentales y pragmáticas.

Queremos pensar qué significa que se imponga una estética de la acción en los medios en una época que juzga clausurada la fase heroica de los movimientos políticos. ¿A dónde nos conduce el encapsulamiento en el presente y la cultura del estreno cuando coexiste con el reavivamiento fundamentalista de ciertas tradiciones premodernas? ¿Qué función cumplen las industrias culturales que se ocupan no sólo de homogeneizar sino de trabajar simplificadamente con las diferencias, mientras las comunicaciones electrónicas, las migraciones y la globalización de los mercados complican más que en cualquier otro tiempo la coexistencia entre los pueblos? Son suficientes estas preguntas para percibir que las conexiones múltiples entre consumo y ciudadanía no son nada mecánicas ni fácilmente reductibles a la coherencia de los paradigmas económicos o de la sociología política.

La investigación como ensayo

Este volumen está a mitad del camino entre un libro de investigación y un conjunto de ensayos. Los tres primeros capítulos nacieron de estudios empíricos realizados sobre el consumo cultural en la ciudad de México. Esas investigaciones [19] me dieron los puntos de partida para desarrollar la presente reflexión sobre las transformaciones de la cultura en la capital mexicana y en otras ciudades de América Latina.

Los textos que incluyo en este libro representan mi posición personal sobre algunas polémicas vigentes en los estudios de cultura

---

[19] Las obras que exponen los resultados son: Néstor García Canclini (coord.), *El consumo cultural en México*, México, Consejo Nacional para la Cultura y las Artes, 1993; y Néstor García Canclini y otros, *Públicos de arte y política cultural*, México, DDF, INAH, UAM, 1991.

urbana: por ejemplo, la necesidad de trascender la disyuntiva entre una antropología replegada en la "autonomía" de los barrios y una sociología o estudios comunicacionales sólo capaces de hacer afirmaciones globales acerca de la ciudad y las industrias culturales. Haber trabajado con antropólogos, sociólogos, comunicólogos e historiadores del arte me dio la posibilidad de conocer información nueva y multifocal sobre las interacciones microsociales en la vida cotidiana y sobre las macrotendencias de las que hablan los censos y las encuestas. Coordinar los aportes de unos y otros fue, más que una tarea administrativa o de rutina académica, experimentar el estimulante desafío de sus discrepancias. Quiero que las citas a sus contribuciones sean leídas como agradecimientos en este sentido amplio. También espero que el trabajo sobre la escritura en los ensayos aquí publicados muestre que me atraen la ciudad y las industrias culturales no sólo como objetos de conocimiento sino también como lugares donde se imagina y se narra.

Los cuatro capítulos de la segunda parte, que hablan de cómo se reestructuran las identidades en esta época de industrialización de la cultura y de integración supranacional y libre comercio, se apoyan tanto en búsquedas documentales personales como en la investigación colectiva que coordiné sobre los cambios de hábitos y gustos de los espectadores de cine, televisión y video en cuatro ciudades mexicanas.[20]

Traté de no tomar de las investigaciones citadas más datos que los indispensables para sostener la argumentación teórico-metodológica y sobre políticas culturales en que se concentra este volumen. Quienes deseen más información sobre los cambios en la ciudad de México o sobre las industrias audiovisuales y sus públicos, pueden recurrir a los libros citados. Deseo subrayar que esos trabajos sobre consumo fueron reinterrogados aquí desde la preocupación por las transformaciones de la ciudadanía, pero la investigación empírica sobre esta última cuestión necesita aun exploraciones especiales.

---

[20] Véase el libro de Néstor García Canclini (coord.), *Los nuevos espectadores. Cine, televisión y video en México*, México, Imcine-CNCA, 1994.

En especial, análisis más extensos sobre los movimientos sociales, de los que sólo me ocupo con cierto detenimiento en el capítulo acerca de la negociación en las clases populares.

Me gustaría que este libro fuera leído como una conversación con antropólogos, sociólogos y especialistas en comunicación, con artistas, escritores y críticos de arte y literatura, sobre lo que significa ser ciudadanos y consumidores en medio de los cambios culturales que alteran la relación entre lo público y lo privado. Por lo mismo, es también continuación de diálogos con responsables de políticas culturales y participantes de movimientos de consumidores y ciudadanos, con los que discutí mucho de lo que se dice en estas páginas. La presentación en forma de ensayos corresponde al carácter abierto de estas conversaciones y a los enfoques fragmentarios con que aún nos debatimos en estos territorios.

Quiero agradecer a varios lectores de este volumen —Juan Flores, Jean Franco, Aníbal Ford, Sandra Lorenzano, Jesús Martín Barbero, Eduardo Nivón, Renato Rosaldo, Ana Rosas Mantecón y George Yúdice— la discusión global de los trabajos reunidos aquí. La lista de quienes me hicieron observaciones valiosas en simposios o después de publicar en revistas algunos de estos textos sería interminable. En varios casos, las citas a sus trabajos publicados les hace un poco de justicia. Debo mencionar especialmente el apoyo financiero de varias instituciones mexicanas: el Consejo Nacional para la Cultura y las Artes, el Departamento del Distrito Federal y del Instituto Mexicano de Cinematografía. Como ellos, la OEA y la Fundación Rockefeller también contribuyeron para que estos ensayos fueran sostenidos por investigaciones empíricas sobre la ciudad de México y las industrias culturales. A la Universidad Autónoma Metropolitana, especialmente al Departamento de Antropología, le debo facilidades materiales, un fructífero intercambio académico con colegas y estudiantes, y, sobre todo, que los miembros del Programa de Estudios sobre Cultura Urbana me hayan acompañado en trabajos de investigación antropológica abiertos al enriquecimiento y las incertidumbres del diálogo con otras ciencias sociales.

Primera parte

Ciudades en globalización

1. El consumo sirve para pensar*

Una zona propicia para comprobar que el sentido común no coincide con el "buen sentido" es el consumo. En el lenguaje ordinario, consumir suele asociarse a gastos inútiles y compulsiones irracionales. Esta descalificación moral e intelectual se apoya en otros lugares comunes acerca de la omnipotencia de los medios masivos, que incitarían a las masas a avorazarse irreflexivamente sobre los bienes.

Todavía hay quienes justifican la pobreza porque la gente compra televisores, videocaseteras y coches mientras le falta casa propia. ¿Cómo se explica que familias a las que no les alcanza para comer y vestirse a lo largo del año, cuando llega Navidad derrochen el aguinaldo en fiestas y regalos? ¿No se dan cuenta los adictos a los medios de que los noticieros mienten y las telenovelas distorsionan la vida real?

Más que responder a estas preguntas se puede discutir la manera en que están formuladas. Ahora miramos los procesos de consumo como algo más complejo que la relación entre medios manipuladores y audiencias dóciles. Se sabe que buen número de estudios sobre comunicación masiva han mostrado que la hegemonía cultural no se realiza mediante acciones verticales en las que los dominadores apresarían a los receptores: entre unos y otros se reconocen *media-*

---

* Este capítulo es una reelaboración ampliada del artículo que, con el mismo título, publiqué en la revista *Diálogos de la Comunicación*, núm. 30, Lima, junio de 1991.

dores como la familia, el barrio y el grupo de trabajo.[1] En dichos análisis, asimismo, se han dejado de concebir los vínculos entre quienes emiten los mensajes y quienes los reciben únicamente como relaciones de dominación. La comunicación no es eficaz si no incluye también interacciones de *colaboración y transacción* entre unos y otros.

Para avanzar en esta línea es necesario situar los procesos comunicacionales en un encuadre conceptual más amplio que puede surgir de las teorías e investigaciones sobre el consumo. ¿Qué significa consumir? ¿Cuál es la racionalidad —para los productores y para los consumidores— de que se expanda y se renueve incesantemente el consumo?

Hacia una teoría multidisciplinaria

No es fácil responder a esas preguntas. Si bien las investigaciones sobre consumo se multiplicaron en años recientes, reproducen la compartimentación y desconexión entre las ciencias sociales. Tenemos teorías económicas, sociológicas, psicoanalíticas, psicosociales y antropológicas sobre lo que ocurre cuando consumimos; hay teorías literarias sobre la recepción y teorías estéticas acerca de la fortuna crítica de las obras artísticas. Pero no existe *una teoría sociocultural del consumo*. Trataré de reunir en estas notas las principales líneas de interpretación y señalar posibles puntos de confluencia con el propósito de participar en una conceptualización global del consumo, en la que puedan incluirse los procesos de comunicación y recepción de bienes simbólicos.

Propongo partir de una definición: *el consumo es el conjunto de procesos socioculturales en que se realizan la apropiación y los usos*

---

[1] Véanse entre otras, las obras de James Lull (ed.), *World Families Watch Television*, Newbury Park, California, Sage, 1988; de Jesús Martín Barbero, *De los medios a las mediaciones*, México, Gustavo Gili, 1987; y de Guillermo Orozco (compilador), *Hablan los televidentes. Estudios de recepción en varios países*, México, Universidad Iberoamericana, 1992.

de los productos. Esta caracterización ayuda a ver los actos a través de los cuales consumimos como algo más que ejercicios de gustos, antojos y compras irreflexivas, según suponen los juicios moralistas, o actitudes individuales, tal como suelen explorarse en encuestas de mercado.

En la perspectiva de esta definición, el consumo es comprendido, ante todo, por su *racionalidad económica*. Estudios de diversas corrientes consideran el consumo como un momento del ciclo de producción y reproducción social: es el lugar en el que se completa el proceso iniciado al generar productos, donde se realiza la expansión del capital y se reproduce la fuerza de trabajo. Desde tal enfoque, no son las necesidades o los gustos individuales los que determinan qué, cómo y quiénes consumen. Depende de las grandes estructuras de administración del capital el modo en que se planifica la distribución de los bienes. Al organizarse para proveer comida, vivienda, traslado y diversión a los miembros de una sociedad, el sistema económico "piensa" cómo reproducir la fuerza de trabajo y aumentar las ganancias de los productos. Podemos no estar de acuerdo con la estrategia, con la selección de quiénes consumirán más o menos, pero es innegable que las ofertas de bienes y la inducción publicitaria de su compra no son actos arbitrarios.

Sin embargo, la única racionalidad que modela el consumo no es la de tipo macrosocial que deciden los grandes agentes económicos. Los estudios del marxismo sobre el consumo y los de la primera etapa de la comunicación masiva (de 1950 a 1970) exageraron la capacidad de determinación de las empresas respecto de los usuarios y las audiencias.[2] Una teoría más compleja acerca de la interacción entre productores y consumidores, entre emisores y receptores, tal como la desarrollan algunas corrientes de la antropología y la sociología urbana, revela que en el consumo se manifiesta también una *racionalidad sociopolítica interactiva*. Cuando miramos la proliferación de objetos y de marcas, de redes comuni-

---

[2] Un ejemplo: los textos de Jean-Pierre Terrail, Desmond Preteceille y Patrice Grevet en el libro *Necesidades y consumo*, México, Grijalbo, 1977.

cacionales y de accesos al consumo, desde la perspectiva de los movimientos de consumidores y de sus demandas, advertimos que también intervienen en estos procesos las reglas —móviles— de la distinción entre los grupos, de la expansión educacional, las innovaciones tecnológicas y de la moda. "El consumo", dice Manuel Castells, "es un sitio donde los conflictos entre clases, originados por la desigual participación en la estructura productiva, se continúan a propósito de la distribución y apropiación de los bienes".[3] Consumir es participar en un escenario de disputas por aquello que la sociedad produce y por las maneras de usarlo. La importancia que las demandas por el aumento del consumo y por el salario indirecto adquieren en los conflictos sindicales, así como la reflexión crítica desarrollada por las agrupaciones de consumidores, son evidencias de cómo se piensa en el consumo desde las capas populares. Si alguna vez fue territorio de decisiones más o menos unilaterales, hoy es un espacio de interacción, donde los productores y emisores no sólo deben seducir a los destinatarios sino justificarse racionalmente.

También se percibe la importancia política del consumo cuando se escucha a políticos que detuvieron la hiperinflación en Argentina, Brasil y México, por ejemplo, centrar su estrategia electoral en la amenaza de que un cambio de orientación económica afectaría a quienes se endeudaron comprando a plazos coches o aparatos electrodomésticos. "Si no quieren que regrese la inflación, aumenten las tasas de interés, y no puedan seguir pagando lo que compraron, deben volver a votarme", dice Carlos Menem al buscar la reelección como presidente de Argentina. Una fórmula empleada en la campaña electoral —"el voto-cuota"— exhibe la complicidad que existe hoy entre consumo y ciudadanía.

Una tercera línea de trabajos, los que estudian el consumo como lugar de diferenciación y distinción entre las clases y los grupos, ha llevado a reparar en los *aspectos simbólicos y estéticos de la raciona-*

---

[3] Manuel Castells, *La cuestión urbana*, México, Siglo XXI, 1974, apéndice a la segunda edición.

lidad consumidora. Existe una lógica en la construcción de los signos de *status* y en las maneras de comunicarlos. Los textos de Pierre Bourdieu, Arjun Appadurai y Stuart Ewen, entre otros, muestran que en las sociedades contemporáneas buena parte de la racionalidad de las relaciones sociales se construye, más que en la lucha por los medios de producción y la satisfacción de necesidades materiales, en la que se efectúa para apropiarse de los medios de distinción simbólica.[4] Hay una coherencia entre los lugares donde los miembros de una clase y hasta de una fracción de clase comen, estudian, habitan, vacacionan, en lo que leen y disfrutan, en cómo se informan y lo que transmiten a otros. Esa coherencia emerge cuando la mirada socioantropológica busca comprender en conjunto dichos escenarios. La lógica que rige la apropiación de los bienes en tanto objetos de distinción no es la de la satisfacción de necesidades, sino la de la escasez de esos bienes y la imposibilidad de que otros los tengan.

Sin embargo, en tales investigaciones suelen mirarse los comportamientos de consumo como si sólo sirvieran para dividir. Pero si los miembros de una sociedad no compartieran los sentidos de los bienes, si sólo fueran comprensibles para la élite o la minoría que los usa, no servirían como instrumentos de diferenciación. Un coche importado o una computadora con nuevas funciones distingue a sus escasos poseedores en la medida en que quienes no acceden a ellos conocen su significado sociocultural. A la inversa, una artesanía o una fiesta indígena — cuyo sentido mítico es propiedad de la etnia que la generó — se vuelven elementos de distinción o discriminación en tanto otros sectores de la misma sociedad se interesan en ellas y entienden en alguna medida su significado. Luego, debemos admitir que en el consumo se construye parte de *la racionalidad integrativa y comunicativa de una sociedad*.

---

[4] Pierre Bourdieu, *La distinción*, Madrid, Taurus, 1988; Arjun Appadurai (ed.), *La vida social de las cosas*, México, Grijalbo, 1991; Stuart Ewen, *Todas las imágenes del consumismo*, México, Grijalbo-CNCA, 1991.

¿Hay una racionalidad posmoderna?

Algunas corrientes de pensamiento posmoderno han llamado la atención — en una dirección opuesta a la que estamos sugiriendo — acerca de la diseminación del sentido, la dispersión de los signos y la dificultad de establecer códigos estables y compartidos. Los escenarios del consumo son invocados por los autores posmodernos como lugares donde se manifiesta con mayor evidencia la crisis de la racionalidad moderna y sus efectos sobre algunos principios que habían regido el desarrollo cultural.

Sin duda, acierta Jean François Lyotard cuando identifica el agotamiento de los metarrelatos que organizaban la racionalidad histórica moderna. Pero de la caída de ciertas narraciones omnicomprensivas no puede derivarse una desaparición de lo global como horizonte. La crítica posmoderna ha servido para repensar las formas de organización compacta de lo social que instauró la modernidad (las naciones, las clases, etc.). ¿Es legítimo llevar ese cuestionamiento hasta la exaltación de un supuesto desorden posmoderno, una dispersión de los sujetos que tendría su manifestación paradigmática en la libertad de los mercados? Resulta curioso que en este tiempo de concentración planetaria en el control del mercado alcancen tanto auge las celebraciones acríticas de la diseminación individual y la visión de las sociedades como coexistencia errática de impulsos y deseos.

Sorprende también que el pensamiento posmoderno sea, sobre todo, hecho con reflexiones filosóficas, incluso cuando trata de objetos tan concretos como el diseño arquitectónico, la organización de la industria cultural y de las interacciones sociales. Al tratar de probar hipótesis en investigaciones empíricas observamos que ninguna sociedad ni ningún grupo soportan demasiado la irrupción errática de los deseos, ni la consiguiente incertidumbre de significados. Dicho de otro modo, necesitamos estructuras en las que se piense y ordene aquello que deseamos.

Es útil invocar aquí algunos estudios antropológicos sobre rituales y relacionarlos con las preguntas que iniciaron este capítulo respecto de la supuesta irracionalidad de los consumidores. ¿Cómo diferenciar las formas del gasto que contribuyen a la reproducción de una sociedad de las que la disipan y disgregan? ¿Es el "derroche" del dinero en el consumo popular un autosaboteo de los pobres, simple muestra de su incapacidad de organizarse para progresar?

Encuentro una clave para responder a estas preguntas en la frecuencia con que esos gastos suntuarios, "dispendiosos", se asocian a rituales y celebraciones. No sólo porque un cumpleaños o el aniversario del santo patrono justifiquen moral o religiosamente el gasto, sino también porque en ellos ocurre algo a través de lo cual la sociedad consagra una cierta racionalidad que la ordena y le da seguridad.

Mediante los rituales, dicen Mary Douglas y Baron Isherwood, los grupos seleccionan y fijan —gracias a acuerdos colectivos— los significados que regulan su vida. Los rituales sirven para "contener el curso de los significados" y hacer explícitas las definiciones públicas de lo que el consenso general juzga valioso. Son rituales eficaces aquellos que utilizan objetos materiales para establecer los sentidos y las prácticas que los preservan. Cuanto más costosos sean esos bienes, más fuerte será la inversión afectiva y la ritualización que fija los significados que se le asocian. Por eso ellos definen a muchos de los bienes que se consumen como "accesorios rituales" y ven el consumo como un proceso ritual cuya función primaria consiste en "darle sentido al rudimentario flujo de los acontecimientos".[5]

En las conductas ansiosas y obsesivas ante el consumo puede haber como origen una insatisfacción profunda, según lo analizan muchos psicólogos. Pero en un sentido más radical el consumo se liga, de otro modo, con la insatisfacción que engendra el flujo errático de los significados. Comprar objetos, colgárselos en el cuerpo o distribuirlos por la casa, asignarles un lugar en un orden, atribuirles funciones en la comunicación con los otros, son los recursos para pensar el propio cuerpo, el inestable orden social y las interacciones

---

[5] Mary Douglas y Baron Isherwood, *El mundo de los bienes. Hacia una antropología del consumo*, México, Grijalbo-CNCA, 1990, p. 80.

inciertas con los demás. Consumir es hacer más inteligible un mundo donde lo sólido se evapora. Por eso, además de ser útiles para expandir el mercado y reproducir la fuerza de trabajo, para distinguirnos de los demás y comunicarnos con ellos, como afirman Douglas e Isherwood, "las mercancías sirven para pensar".[6]

Es en este juego entre deseos y estructuras que las mercancías y el consumo sirven también para ordenar políticamente cada sociedad. El consumo es un proceso en el que los deseos se convierten en demandas y en actos socialmente regulados. ¿Por qué artesanos indígenas o comerciantes populares que se enriquecen por la repercusión afortunada de su trabajo, por qué tantos políticos y líderes sindicales que acumulan dinero mediante la corrupción siguen viviendo en barrios populares, controlan sus gastos y tratan de "no desentonar"? Porque les interesa más seguir perteneciendo a sus grupos originarios (y a veces lo necesitan para mantener su poder) que la ostentación a que su prosperidad los impulsa.

El estudio de Alfred Gell sobre los muria gondos de la India[7] propone una línea sutil para explicar este papel regulador del consumo. Los muria que, gracias a los cambios de la economía tribal durante el último siglo, se enriquecieron más que sus vecinos, mantienen un estilo sencillo de vida que Appadurai, invirtiendo a Veblen, llama "mezquindad conspicua".[8] Gastan en bienes con cierta prodigalidad, pero con la condición de que representen valores compartidos, que no alteren la homogeneidad suntuaria.

Como lo observé en pueblos indígenas en México, la introducción de objetos externos —modernos— es aceptada en tanto puedan ser asimilados a la lógica comunitaria. El crecimiento de los ingresos, la expansión y variedad de las ofertas del mercado, así como la capacidad técnica para apropiarse de los nuevos bienes y mensajes gracias al ascenso educacional no bastan para que los miembros de un grupo se abalancen sobre las novedades. El deseo de poseer "lo

---

[6] *Idem*, p. 77
[7] Alfred Gell, "Los recién llegados al mundo de los bienes: el consumo entre los gondos muria", en A. Appadurai, *op. cit.*, pp. 143-175.
[8] A. Appadurai, *op. cit.*, p. 47.

nuevo" no actúa como algo irracional o independiente de la cultura colectiva a la cual se pertenece.

Aun en situaciones plenamente modernas, el consumo no es algo "privado, atomizado y pasivo", sostiene Appadurai, sino "eminentemente social, correlativo y activo", subordinado a un cierto control político de las élites. Los gustos de los sectores hegemónicos tienen esta función de "embudo", desde los cuales se van seleccionando las ofertas externas y suministrando modelos político-culturales para administrar las tensiones entre lo propio y lo lejano.

En los estudios sobre consumo cultural en México que referiré más adelante, encontramos que la falta de interés de sectores populares en exposiciones de arte, teatro o cine experimentales, no se debe sólo al débil capital simbólico con que cuentan para apreciar esos mensajes sino también a la fidelidad a los grupos en los que se insertan. Dentro de la ciudad, son sus contextos familiares, de barrio y de trabajo los que controlan la homogeneidad del consumo, las desviaciones en los gustos y en los gastos. En una escala más amplia, lo que se entiende como cultura nacional sigue sirviendo como contexto de selección de lo exógeno.

Comunidades transnacionales de consumidores

Sin embargo, estas comunidades de pertenencia y control están reestructurándose. ¿A qué conjunto nos hace pertenecer la participación en una socialidad construida predominantemente en procesos globalizados de consumo? Vivimos un tiempo de fracturas y heterogeneidad, de segmentaciones dentro de cada nación y de comunicaciones fluidas con los órdenes transnacionales de la información, de la moda y del saber. En medio de esta heterogeneidad encontramos códigos que nos unifican, o al menos permiten que nos entendamos. Pero esos códigos compartidos son cada vez menos los de la etnia, la clase o la nación en la que nacimos. Esas viejas unidades, en la medida que subsisten, parecen reformularse como *pactos móviles de lectura* de los bienes y los mensajes. Una nación, por ejemplo, se define poco a esta altura por los límites territoriales o por su historia política. Más bien sobrevive como una *comunidad interpretativa de consumidores*, cuyos hábitos tradicionales —alimentarios, lingüísticos— los llevan a relacionarse de un modo peculiar con los objetos y la información circulante en las redes internacionales. Al mismo tiempo, hallamos comunidades internacionales de consumidores —ya mencionamos las de jóvenes y televidentes— que dan sentido de pertenencia donde se diluyen las lealtades nacionales.

Como los acuerdos entre productores, instituciones, mercados y receptores —que constituyen los pactos de lectura y los renuevan periódicamente— se hacen a través de esas redes internacionales, ocurre que el sector hegemónico de una nación tiene más afinidades con el de otra que con los sectores subalternos de la propia. Hace veinte años, los adherentes a la teoría de la dependencia reaccionaban ante las primeras manifestaciones de este proceso acusando a la burguesía de falta de fidelidad a los intereses nacionales. Y, por supuesto, el carácter nacional de los intereses era definido a partir de tradiciones "auténticas" del pueblo. Hoy sabemos que esa autenticidad es ilusoria, pues el sentido "propio" de un repertorio de objetos es arbitrariamente delimitado y reinterpretado en procesos históricos híbridos. Pero además la mezcla de ingredientes de origen "autóctono" y "foráneo" se percibe, en forma análoga, en el consumo de los sectores populares, en los artesanos campesinos que adaptan sus saberes arcaicos para interactuar con turistas, en los obreros que se las arreglan para adaptar su cultura laboral a las nuevas tecnologías y mantener sus creencias antiguas y locales. Varias décadas de construcción de símbolos transnacionales han creado lo que Renato Ortiz denomina una "cultura internacional-popular", con una memoria colectiva hecha con fragmentos de diferentes naciones.[9] Sin dejar de estar inscriptos en la memoria nacional, los consumidores populares son capaces de leer las citas de un imaginario multilocalizado que la televisión y la publicidad

---

[9] Renato Ortiz, *op. cit.*, cap. IV.

agrupan: los ídolos del cine hollywoodense y de la música pop, los logotipos de jeans y tarjetas de crédito, los héroes deportivos de varios países y los del propio que juegan en otro, componen un repertorio de signos en constante disponibilidad. Marilyn Monroe y los animales jurásicos, el Che Guevara y la caída del muro, el refresco más tomado en el mundo y *Tiny Toon* pueden ser citados o aludidos por cualquier diseñador de publicidad internacional confiando en que su mensaje va a adquirir sentido aun para quienes nunca salieron de su país.

Hay que averiguar, entonces, cómo se reestructuran las identidades y las alianzas cuando la comunidad nacional se debilita, cuando la participación segmentada en el consumo —que se vuelve el principal procedimiento de identificación— solidariza a las élites de cada país con un circuito transnacional y a los sectores populares con otro. Al estudiar el consumo cultural en México [10] encontramos que la separación entre grupos hegemónicos y subalternos no se presenta ya principalmente como oposición entre lo propio y lo importado, o entre lo tradicional y lo moderno, sino como adhesión diferencial a subsistemas culturales con diversa complejidad y capacidad de innovación: mientras unos siguen a Brahms, Sting y Carlos Fuentes, otros prefieren a Julio Iglesias, Alejandra Guzmán y las telenovelas venezolanas.

Esta escisión no se produce únicamente en el consumo ligado al entretenimiento. Segmenta a los sectores sociales respecto de los bienes estratégicos necesarios para ubicarse en el mundo contemporáneo y ser capaz de tomar decisiones. Al mismo tiempo que el proceso de modernización tecnológica de la industria y los servicios exige mayor calificación laboral, crece la deserción escolar y se limita el acceso de las capas medias (y por supuesto de las mayorías populares) a la información innovadora. El conocimiento de los datos y los instrumentos que habilitan para actuar en forma autónoma o creativa se reduce a quienes pueden suscribirse a servicios

---

[10] Néstor García Canclini y Mabel Piccini, "Culturas de la ciudad de México: símbolos colectivos y usos del espacio urbano", en N. García Canclini (coord.), *El consumo cultural en México, cit.*

informáticos y redes exclusivas de televisión (antena parabólica, cable, cadenas repetidoras de canales metropolitanos). Para el resto, se ofrece un modelo de comunicación masiva, concentrado en grandes monopolios, que se nutre con la programación *standard* norteamericana más productos repetitivos, de entretenimiento *light*, generados en cada país.

Se coloca de otro modo, entonces, la crítica al consumo como lugar irreflexivo y de gastos inútiles. Lo que ocurre es que la reorganización transnacional de los sistemas simbólicos, hecha bajo las reglas neoliberales de la máxima rentabilidad de los bienes masivos y la concentración de la cultura para tomar decisiones en élites seleccionadas, aleja a las mayorías de las corrientes más creativas de la cultura contemporánea. No es la estructura del medio (televisión, radio o video) la causa del achatamiento cultural y de la desactivación política: las posibilidades interactivas y de promover la reflexión crítica de estos instrumentos comunicacionales han sido muchas veces demostradas, aunque más bien en microexperiencias, de baja eficacia masiva. Tampoco debe atribuirse el desinterés por la política sólo a la disminución de la vida pública y al repliegue familiar en la cultura electrónica a domicilio: no obstante, esta transformación de las relaciones entre lo público y lo privado en el consumo cultural cotidiano constituye un cambio básico de las condiciones en que deberá ejercerse un nuevo tipo de responsabilidad cívica.

Si el consumo se ha vuelto un lugar donde con frecuencia resulta difícil pensar es por su entrega al juego pretendidamente libre, o sea feroz, entre las fuerzas del mercado. Para que el consumo pueda articularse con un ejercicio reflexivo de la ciudadanía deben reunirse, al menos, estos requisitos: *a*) Una oferta vasta y diversificada de bienes y mensajes representativos de la variedad internacional de los mercados, de acceso fácil y equitativo para las mayorías; *b*) información multidireccional y confiable acerca de la calidad de los productos, con control efectivamente ejercido por parte de los consumidores y capacidad de refutar las pretensiones y seducciones de la propaganda; *c*) participación democrática de los principales sectores de la sociedad civil en las decisiones del orden material, simbólico, jurídico y político donde se organizan los consumos: desde la habilitación sanitaria de los alimentos hasta las concesiones de frecuencias radiales y televisivas, desde el juzgamiento de los especuladores que ocultan productos de primera necesidad hasta los que administran informaciones clave para tomar decisiones.

Estas acciones *políticas*, en las que los consumidores ascienden a ciudadanos, implican una concepción del mercado no como simple lugar de intercambio de mercancías sino como parte de interacciones socioculturales más complejas. Del mismo modo, el consumo es visto no como la mera posesión individual de objetos aislados sino como la apropiación colectiva, en relaciones de solidaridad y distinción con otros, de bienes que dan satisfacciones biológicas y simbólicas, que sirven para enviar y recibir mensajes. Las teorías del consumo evocadas en este capítulo muestran, al tomarlas complementariamente, que el valor mercantil no es algo contenido "naturalistamente" en los objetos, sino resultante de las interacciones socioculturales en que los hombres los usan. El carácter abstracto de los intercambios mercantiles, acentuado ahora por la distancia espacial y tecnológica entre productores y consumidores, llevó a creer en la autonomía de las mercancías y el carácter inexorable, ajeno a los objetos, de las leyes objetivas que regularían los vínculos entre ofertas y demandas. La confrontación de las sociedades modernas con las "arcaicas" permite ver que en todas las sociedades los bienes cumplen muchas funciones, y que la mercantil es sólo una de ellas. Los hombres intercambiamos objetos para satisfacer necesidades que hemos fijado culturalmente, para integrarnos con otros y para distinguirnos de ellos, para realizar deseos y para pensar nuestra situación en el mundo, para controlar el flujo errático de los deseos y darles constancia o seguridad en instituciones y ritos.

Dentro de esta multiplicidad de acciones e interacciones, los objetos tienen una vida complicada. En cierta fase son sólo "candidatos a mercancías",[11] en otra pasan por una etapa propiamente

[11] A. Appadurai, *op. cit.*, p. 29.

mercantil y luego pueden perder ese carácter y ganar otro. Un ejemplo: las máscaras hechas por indígenas para una ceremonia, luego vendidas a un consumidor moderno y finalmente instaladas en departamentos urbanos o en museos, donde se olvida su valor económico. Otro: una canción producida por motivaciones sólo estéticas, luego alcanza repercusión masiva y ganancias como disco, y al final, es apropiada y modificada por un movimiento político, se vuelve recurso de identificación y movilización colectivas. Estas biografías cambiantes de las cosas y los mensajes conducen a pensar el carácter mercantil de los bienes como oportunidades y riesgos de su desempeño. Podemos actuar como consumidores situándonos sólo en uno de los procesos de interacción —el que regula el mercado— y también podemos ejercer como ciudadanos una reflexión y una experimentación más amplia que tome en cuenta las múltiples potencialidades de los objetos, que aproveche su "virtuosismo semiótico",[12] en los variados contextos en que las cosas nos permiten encontrarnos con las personas.

Plantear estas cuestiones implica recolocar la cuestión de lo público. El descrédito de los Estados como administradores de áreas básicas de la producción y la información, así como la incredibilidad de los partidos (incluidos los de oposición), contrajo los espacios donde podía hacerse presente el interés público, donde debe limitarse y arbitrarse la lucha —de otro modo salvaje— entre los poderes mercantiles privados. Comienzan a surgir en algunos países, a través de la figura del *ombudsman*, de comisiones de derechos humanos, de instituciones y medios periodísticos independientes, instancias no gubernamentales, ni partidarias, que permiten deslindar la necesidad de hacer valer lo público frente a la decadencia de las burocracias estatales. Algunos consumidores quieren ser ciudadanos.

Después de la década perdida para el crecimiento económico de América Latina, la de los ochenta, durante la cual los Estados cedieron gran parte del control de las sociedades a las empresas privadas, está claro a dónde conduce la privatización a ultranza:

---

[12] *Idem*, p. 57.

descapitalización nacional, subconsumo de las mayorías, desempleo, empobrecimiento de la oferta cultural. Vincular el consumo con la ciudadanía requiere ensayar una reubicación del mercado en la sociedad, intentar la reconquista imaginativa de los espacios públicos, del interés por lo público. Así el consumo se mostrará como un lugar de valor cognitivo, útil para pensar y actuar significativa, renovadoramente, en la vida social.

2. México: la globalización cultural en una ciudad que se desintegra*

Estudiar el consumo cultural en una gran ciudad nos coloca en el foco de los debates de las ciencias sociales. Hay tres problemas —interconectados— con los que quiero mostrar esta vinculación entre la crisis de las megaciudades y la crisis del conocimiento social:

a) ¿Se puede seguir hablando de ciudad y de vida urbana en megalópolis que superan los diez millones de habitantes?

b) ¿En qué medida pueden subsistir las culturas urbanas definidas por tradiciones locales en una época en que la cultura se desterritorializa y las ciudades se reordenan para formar sistemas transnacionales de información, comunicación, comercio y turismo?

c) ¿Cómo estudiar la problemática urbana con los actuales instrumentos de las ciencias sociales? ¿Qué disciplina es más pertinente para conocer los nuevos procesos culturales urbanos: la sociología, la antropología o los estudios comunicacionales?

* Este capítulo apareció publicado en la revista *Ciudades*, núm. 20, México, diciembre de 1993.

Sociólogos vs. antropólogos

Comencemos retomando la polémica sobre qué diferencia a un sociólogo urbano de un antropólogo urbano. Se ha dicho que, mientras el primero estudia la ciudad, el antropólogo estudia *en* la ciudad.[1] En tanto la sociología construye, a partir de censos y estadísticas, los grandes mapas de los comportamientos, el trabajo de campo prolongado permitiría lecturas densas de la interacción social.

Varios antropólogos se han rebelado contra este repliegue de su disciplina en las pequeñas causas. ¿Por qué vamos a condenarnos a hablar del barrio y callar sobre la ciudad, a repetir en las grandes urbes una concepción aldeana de la estructura social? Algunos piensan que al estrechar tanto el horizonte de la antropología ni siquiera se está examinando lo urbano: se escapa algo decisivo de la formación y la vida de la ciudad si no se puede mostrar en qué grado las relaciones cortas de las cuales hablan los estudios de caso están condicionadas por las estructuras amplias de la sociedad.[2]

Otros autores sostienen que lo que distinguiría al antropólogo no sería tanto el objeto de estudio sino el método. Mientras el sociólogo habla de la ciudad, el antropólogo deja hablar a la ciudad: sus observaciones minuciosas y entrevistas en profundidad, su modo de quedarse y estar con la gente, buscan escuchar lo que la ciudad tiene que decir. Esta dedicación a la elocuencia de los actos comunes ha sido metodológicamente fecunda y éticamente generosa. Desde el punto de vista epistemológico, sin embargo, despierta dudas. ¿Qué confianza se le puede tener a lo que los pobladores dicen acerca de cómo viven? ¿Quién habla cuando un sujeto interpreta su experiencia: el individuo, la familia, el barrio o la clase a los cuales pertenece?

[1] Se trata, como se sabe, de una distinción de larga data, en la cual aún insisten antropólogos como Clifford Geertz, *La interpretación de las culturas*, Gedisa, Buenos Aires, 1991, cap. 1.

[2] Los intentos más consistentes en América Latina para convertir a la ciudad de lugar de estudio en objeto se hallan en la antropología brasileña. Cf. de Eunice Ribeiro Durham, "A pesquisa antropológica com populaçoes urbanas: problemas e perspeçtivas", en Ruth Cardoso (org.), *A aventura antropológica*, Río de Janeiro, Paz e Terra, 1986, y "A sociedade vista da periferia", *Revista Brasileira de Ciencias Sociales*, núm. 1, junio de 1986, pp. 85-99.

Ante cualquier problema urbano —el transporte, la contaminación o el comercio ambulante— encontramos tal diversidad de opiniones y aun de informes que es difícil distinguir entre lo real y lo imaginario. Tal vez en ningún lugar como en la gran ciudad se necesiten tanto las críticas epistemológicas al sentido común y al lenguaje ordinario: no podemos registrar las divergentes voces de los informantes sin preguntarnos si *saben* lo que están diciendo. Precisamente el hecho de haber vivido con intensidad una experiencia oscurece las motivaciones inconscientes por las cuales se actúa, hace recortar los hechos para construir las versiones que a cada uno conviene. Un trabajo acrítico sobre la fragmentación de la ciudad y de sus discursos suele caer en dos trampas: reproducir en descripciones monográficas la fragmentación urbana sin explicarla o simular que se le sutura optando por la "explicación" de los informantes más débiles. El populismo metodológico de la antropología se vuelve entonces el aliado "científico" del populismo político.

El debate posmoderno sobre los textos antropológicos llevó a pensar que tampoco los antropólogos sabemos muy bien de qué estamos hablando cuando hacemos etnografía. Malinowski creía estar describiendo a los trobriandeses tal como eran, pero sus *Diarios* revelan que al mismo tiempo transmitía fastidio por la cultura de ese pueblo y la pasión que le suscitaba la "animalidad" de sus cuerpos. Las polémicas entre Robert Redfield y Oscar Lewis sobre Tepoztlán sugieren que tal vez no hablaban de la misma localidad, o que sus obras, además de testimoniar "haber estado allí", según la sospecha de Clifford Geertz, son intentos de encontrar un lugar entre los que "están aquí", en las universidades y los simposios.[3]

Con el desarrollo hermenéutico de la antropología y del etnopsicoanálisis se han sofisticado los procedimientos interpretativos para captar las distintas capas de significación que se esconden bajo la

---

[3] Clifford Geertz, *El antropólogo como autor*, Barcelona, Paidós, 1989. Véase especialmente el capítulo "El yo testifical. Los hijos de Malinowski".

apariencia de los actos y los discursos.[4] No obstante, sigue siendo difícil articular los varios sentidos que los sujetos atribuyen a sus prácticas con los condicionamientos sociales y culturales desde los que la ciudad establece significados de cada hecho, que con frecuencia desconocen los propios actores.

Incoherencias de Babel

A esta problemática de lo dicho y lo no dicho por los sujetos urbanos, de lo que la sociología puede decir sobre ellos y la antropología puede escucharles, se agrega recientemente, en megaciudades como la de México, una nueva dificultad que complica todas las anteriores: ¿qué pasa cuando no se entiende lo que una ciudad está diciendo, cuando se convierte en una Babel, y la polifonía caótica de sus voces, su espacio desmembrado y las experiencias diseminadas de sus habitantes, diluyen el sentido de los discursos globales?

En la ciudad de México hay 263 mil indígenas de más de treinta grupos étnicos, que hablan otras tantas lenguas.[5] En parte, siguen organizando sus casas y sus barrios, sus redes de solidaridad y sus conflictos, sus negocios con el Estado y con los compadres, como cuando estaban en Puebla, Oaxaca o Guerrero. Pero no se necesita ser migrante indígena para experimentar la parcialidad de la propia lengua y vivir sólo fragmentos de la ciudad. Es algo que nos está ocurriendo a todos, por lo menos desde los años cuarenta de este

---

[4] Se hallará un balance de este trabajo en George E. Marcus y Michael M. J. Fischer, *Anthropology as Cultural Critique*, Chicago, The University of Chicago Press, 1986, sobre todo el capítulo "Taking Account of World Historical Political Economy: Knowable Communities in Larger Systems".

[5] Marjorie Thacker y Silvia Bazua, *Indígenas urbanos de la ciudad de México. Proyectos de vida y estrategias*, México, Instituto Nacional Indigenista, septiembre de 1992. Como en todo el país, las estadísticas de población indígena son motivo de polémica; la estimación de estas autoras se basa en el XI Censo de Población y Vivienda de 1990, e incluye a los niños menores de 5 años y a quienes no hablan lenguas indígenas por haber nacido en el D.F., pero siguen perteneciendo a una familia indígena.

siglo. En ese tiempo el Distrito Federal tenía un millón y medio de habitantes. Ahora, con dieciséis millones, la mancha urbana se derrama sobre un territorio que nadie puede abarcar y en el que ya no existen ejes organizadores globales. Los 9.1 kilómetros cuadrados cubiertos por la ciudad de México a fines de siglo pasado son ahora apenas el 1% de la metrópoli.[6] Esa ciudad de hace cien años continúa existiendo como el llamado centro histórico, pero la expansión demográfica, industrial y comercial ha multiplicado focos de desarrollo periféricos, que se conurban con otras ciudades.

Cuando hace cinco años comenzamos a estudiar el consumo cultural en la ciudad de México, realizamos una encuesta en 1 500 hogares, con la esperanza de obtener un mapa de los comportamientos.[7] Lo primero que nos sorprendió fue el bajo uso de los equipamientos culturales públicos: 41.2% dijo que hacía más de un año que no iban al cine; 62.5% de los que afirmaban gustar del teatro no habían visto ninguna obra en ese tiempo; 89.2% no había ido a conciertos. Tampoco los espectáculos populares ni las fiestas locales de los barrios parecían interesar en forma periódica a más de 10% de la población.

¿Qué hace la gente los días de semana, luego del trabajo o el estudio? Según la encuesta, la mayoría de los habitantes del D.F., en vez de usar la ciudad en su tiempo libre, prefiere quedarse en casa. El 24.7% dice que su principal actividad es ver televisión, 16.3% sólo descansa, duerme o se ocupa de tareas domésticas.

Los fines de semana la mayor parte de la población dedica su tiempo "libre" a recluirse en la vida hogareña. Un 20.5% acostumbra salir fuera de la ciudad, lo cual abarca tanto a personas de ingresos medios y altos con casas de fin de semana en ciudades próximas al D.F. como a quienes se trasladan a Puebla, Toluca y

[6] Jerome Monet, "El centro histórico de la ciudad de México", en *Sábado*, suplemento de *Unomásuno*, México, 26-8-89, pp. 1-2.

[7] Véanse de Néstor García Canclini y Mabel Piccini, *Culturas de la ciudad de México: símbolos colectivos y usos del espacio urbano, cit.*, y N. García Canclini, Eduardo Nivón y Patricia Safa, "Il consumo culturale a cittá del Messico", en *La Ricerca Folklorica*, núm. 28, octubre de 1993, pp. 41-47.

lugares cercanos para visitar a familiares. En ambos casos, las salidas son planificadas con el fin de separarse de la ciudad y buscar "un ambiente distinto", menos contaminado, más "cerca de la naturaleza".

Tanto los que escapan del D.F., como quienes se recluyen los fines de semana en la vida doméstica y las distracciones electrónicas, e incluso aquellos que usan los parques y centros comerciales, hablan en las entrevistas de una ciudad hostil. Como es difícil evitar las distancias, la inseguridad y el esmog en los días de trabajo, el tiempo libre parece serlo porque permite liberarnos de la coacción de la ciudad, de las tensiones del tráfico público. La presencia de multitudes en las calles de lunes a sábado está ligada preferentemente a usos pragmáticos del espacio urbano, al trabajo y las actividades básicas de consumo. Pero precisamente los tres millones de vehículos que atraviesan la urbe y los 22.5 millones de viajes/persona [8] que la ciudad soporta diariamente, el ruido y la furia que generan, desalientan los usos recreativos y culturales.

¿Por qué las masas van poco a los espectáculos? Una explicación es que existe una tendencia internacional a que descienda la participación en equipamientos públicos (cines, teatros, salones de baile) mientras crece la audiencia de la cultura a domicilio (radio, televisión y video). La misma encuesta que registra escasa asistencia a los espectáculos que suponen usos colectivos del espacio urbano refiere que 95% de la población del D.F. ve habitualmente televisión, 87% escucha radio y 52% de las familias tiene videocasetera.

Hay otra explicación que surge del crecimiento territorial y demográfico de la ciudad. Además de las desigualdades económicas y educativas, que en toda sociedad limitan el acceso de las mayorías a muchos bienes culturales, en la capital mexicana el irregular y complejo desarrollo urbano, así como la distribución inequitativa de los equipamientos, dificultan la asistencia a espectáculos públicos. La casi totalidad de la oferta cultural "clásica" (librerías, mu-

[8] Juan R. Gil Elizondo, "El futuro de la ciudad de México. Metrópoli controlada", en *Atlas de la ciudad de México*, México, Departamento del Distrito Federal y El Colegio de México, 1987, p. 418.

seos, salas de teatro, música y cine) se halla concentrada en el centro y sur de la ciudad, por lo cual la segregación residencial refuerza la desigualdad de ingresos y educación.

Como el centro histórico perdió habitantes en las últimas décadas y la urbe se expande en poblaciones periféricas desconectadas, la radio y la televisión, que están mejor distribuidas en el conjunto de la ciudad, difunden con más facilidad la información y el entretenimiento a todos los sectores.

En el grupo de investigación discutimos largamente sobre lo que estos datos frágiles abarcan y lo que dejan fuera. Los comunicólogos y algunos antropólogos destacaron la reclusión en la cultura doméstica, la sustitución de los teatros por la radio, de las salas de cine por las películas en video y de la fraternidad en los estadios por el deporte visto en televisión. Desde la mirada macrosocial de la encuesta, el anárquico crecimiento urbano va junto con la expansión de los medios electrónicos. La industrialización y las migraciones que llevaron a la ciudad en los últimos cincuenta años de un millón y medio a dieciséis millones de habitantes son parte de la misma política de modernización que centra el desarrollo cultural en la expansión de los medios masivos. El desequilibrio generado por la urbanización irracional y especulativa es "compensado" por la eficacia comunicacional de las redes tecnológicas. La expansión territorial y la masificación de la ciudad, que redujeron las interacciones barriales, ocurrieron junto con la reinvención de lazos sociales y culturales en la radio y la televisión. Son estos medios los que ahora, desde su lógica vertical y anónima, diagraman los nuevos vínculos invisibles de la urbe.

Desde un enfoque más antropológico, algunos enfrentaban los datos de la encuesta con los múltiples usos que la gente aún hace de los espacios públicos. Al convivir largos periodos con los habitantes de las colonias, es evidente cuánto tiempo dedican las mujeres a conversar mientras salen de compras, el valor que guardan las fiestas barriales para quienes participan en ellas, lo que los jóvenes aprenden al atravesar la ciudad para ir al trabajo, a bailar danzón o rock en ciertas noches, la renovación de la experiencia urbana en las colas del camión o la tortilla, en las conversaciones telefónicas, en los viajes obligados o azarosos por el paisaje de la ciudad. Es difícil captar con encuestas esas prácticas ocasionales, o cuantificar su persistencia en la memoria individual, en los diálogos familiares o con amigos.

La mirada telescópica de las encuestas y la mirada íntima del trabajo de campo nombran de diversas maneras, parcialmente legítimas, la misma ciudad inaprensible.

Para profundizar el estudio realizamos un conjunto de investigaciones sobre aspectos particulares de la vida urbana, combinando siempre técnicas cualitativas y cuantitativas. Aplicamos la misma encuesta global a un barrio de autoconstrucción para apreciar las coincidencias y discrepancias entre la estructura global del consumo en la ciudad y la de la cultura local; estudiamos las principales zonas de Coyoacán (centro histórico, multifamiliares y colonias de invasión); buscamos conocer dinámicas más específicas de recepción cultural en el Museo del Templo Mayor y en el Museo de Culturas Populares, y en el consumo de artesanías.[9]

Quiero traer algunas reflexiones surgidas de esos acercamientos a las diversas prácticas culturales refiriéndome a la investigación que realizamos sobre el II Festival de la ciudad de México, en agosto de 1990.[10] Estudiamos el comportamiento de los públicos que asistieron a una muestra representativa de los casi 300 espectáculos incluidos en el festival (elegimos 33 de teatro, danza, ópera, rock y otros géneros musicales, realizados en salas de teatro, salones de

---

[9] Eduardo Nivón, "El consumo cultural y los movimientos sociales"; Patricia Safa, "Espacio urbano, sectores sociales y consumo cultural en Coyoacán"; Ana María Rosas Mantecón, "La puesta en escena del patrimonio mexica y su apropiación por los públicos del Museo del Templo Mayor" y Maya Lorena Pérez Ruiz, "El Museo Nacional de Culturas Populares: espacio de expresión o recreación de la cultura popular", en Néstor García Canclini (coord.), *El consumo cultural en México, cit.*

María Teresa Ejea Mendoza, *El sutil encanto de las artesanías. Notas sobre su uso en la ciudad*, inédito.

[10] Néstor García Canclini, Julio Gullco, María Eugenia Módena, Eduardo Nivón, Mabel Piccini, Ana María Rosas y Graciela Schmilchuk, *Públicos de arte y política cultural. Un estudio del II Festival de la ciudad de México, cit.*

baile, parques y plazas). Dado que este festival era el mayor acontecimiento cultural de la ciudad, tanto por la diversidad de artes y espectáculos presentados como por los públicos que convoca, permitió conocer cómo se relacionaban diferentes sectores de la capital con el arte y la cultura.

No fue un simple estudio de público. Indagamos sobre la relación del festival con la ciudad y con los medios masivos de comunicación; investigamos de qué zonas procedían los asistentes y cómo se habían enterado de los diversos eventos, si la oferta extraordinaria del festival modificaba sus conductas culturales habituales, y cómo se complementaban o contradecían la valoración del público y de la prensa sobre los espectáculos.[11]

Los comportamientos de los espectadores adquirieron mejor su sentido al contrastarlos con conductas menos excepcionales: la recepción de los medios masivos, la relación habitual con las instituciones culturales y con el espacio urbano, según los registramos en la encuesta a 1 500 hogares. A la inversa, el estudio del festival especificó algunas tendencias encontradas en la encuesta general sobre consumo en el D.F. La asistencia a la totalidad de los espectáculos, que no alcanzó a 200 mil personas, coincidió —en su volumen y en los estratos participantes— con aproximadamente el 10% de los habitantes que dicen concurrir regularmente a instituciones o eventos culturales públicos.

Sólo cuatro grupos cubrieron casi las tres cuartas partes del público: estudiantes (20.91%), empleados (19.90%), profesionales (17.78%) y trabajadores del arte (14.18%). Los obreros estuvieron representados con 2.14%, los artesanos con 1.37%, mientras que los jubilados y desempleados no alcanzaron el 1%. En cuanto al nivel educativo, quienes tenían primaria y secundaria sumaron 20.02%, en tanto el 78.54% se distribuyó entre los que cursaron preparatoria

---

[11] Para obtener esta información usamos cuatro técnicas: *a*) Aplicamos encuestas a espectadores. *b*) Realizamos observaciones de campo y entrevistas abiertas a los asistentes. *c*) Entrevistamos a funcionarios de las instituciones organizadoras, a artistas participantes y a críticos. *d*) Hicimos un análisis sistemático de la información y la crítica de prensa sobre el festival.

y estudios superiores. El festival de la ciudad reproduce las segmentaciones y segregaciones de la población engendradas por la desigualdad en los ingresos, la educación y la distribución residencial de los habitantes.

Las encuestas y, sobre todo, las entrevistas y observaciones etnográficas a los asistentes revelaron la gran diversidad de los públicos del festival. Ni siquiera los espectadores de los eventos llamados populares forman un conjunto homogéneo. Hay una enorme distancia entre los sectores que prefieren oír conmovidos, casi inmóviles, la "música romántica" de Marco Antonio Muñiz, los que se inclinan por bailar danzón con Pepe Arévalo y quienes se agrupan para hallar en el rock de Santa Sabina marcas generacionales de identidad. Esta segmentación no es siempre pacífica: registramos desconocimiento y desprecio entre los que prefieren lo culto o lo popular, y aun entre quienes gustan de diversas manifestaciones populares como los boleros o el rock.

Un dato que subrayó esta heterogeneidad y separación entre los sectores fue que la mayoría no era consciente de que el espectáculo que estaba viendo formaba parte del festival, y sólo 12% manifestó conocer otras actividades del mismo. Aun en los eventos con público más informado, de alto nivel educativo, no pasaron de 32% quienes lograron mencionar otras actividades del festival. Las respuestas sobre la manera en que se enteraron del espectáculo al que asistían variaban mucho según los públicos: los de música clásica, danza y teatro se informaron predominantemente por la prensa, los de rock por propaganda escrita y relaciones personales, los de salones de baile por los medios electrónicos y asistencia previa al lugar. En suma, la hipótesis de un festival o una ciudad con un público homogéneo, con la cual los organizadores programaron la difusión en forma indiscriminada, sólo estaba en la mente de ellos. La mayoría de los asistentes ni siquiera se interesaba por el hecho de que hubiera un festival, y menos por saber quién lo auspiciaba. "Los logotipos sólo nos importan a los funcionarios", reconoció uno de ellos cuando leyó nuestro informe de investigación.

También hay que decir que el festival le importó a la prensa, pues dedicó diariamente páginas enteras a unificar la información de las diversas artes, discutió la política cultural global, su financiamiento dentro de los gastos de la ciudad y la capacidad de este evento para responder a las necesidades sociales.

Una de las conclusiones de esta investigación fue que no sólo no existe *un* público de cultura en la ciudad, sino que ni siquiera puede integrárselo con un programa compacto como el festival. Este festival tan abarcador, multidisciplinario, culto y popular, que ocupó espacios cerrados y al aire libre, resultó una especie de laboratorio de la multiculturalidad y la disgregación de la ciudad de México. Del mismo modo que del festival, puede decirse que la ciudad existe más para el gobierno y la prensa que para los ciudadanos. También parte de la investigación urbana encara a la metrópoli como un todo, al menos los demógrafos y sociólogos. En cambio, para la bibliografía antropológica y de estudios culturales, salvo excepciones, esta ciudad es un rompecabezas desarmado.

Podemos comprobar que esta concepción desintegrada coincide con la de los movimientos populares urbanos. Éstos actúan guiados casi siempre por una visión local y parcelada, referida a la zona de la ciudad en que habitan, otros al comercio ambulante, etc.[12] Sus reclamos en cada escenario suelen hacerse sin contextualizarlos en el desarrollo histórico ni en la problemática general de la ciudad. Sólo movimientos extraordinarios como los surgidos del sismo, los ecológicos,[13] y recientemente algunos partidos políticos, manifiestan una visión integrada de la metrópoli. En estos casos novedosos se construyen respuestas a la desterritorialización y deshistorización de la cultura transnacional, se buscan nuevas formas de arraigo: revaloran el barrio en algunos casos, el centro histórico en otros, el conjunto de la ciudad una minoría. Algunos autores europeos ven en estas reafirmaciones de lo territorial urbano intentos de mante-

[12] Cf. Eduardo Nivón, artículo citado.

[13] Habría que aclarar que la visión ecológica de la ciudad es abarcadora *territorialmente*, pero no lo es en tanto considera poco otras dimensiones económicas y políticas de la sociabilidad.

ner el sentido de la ciudad como expresión de la sociedad local y como resistencia a que se le reduzca a un elemento del mercado internacional.[14] Me parece una hipótesis fecunda para entender parte de los actuales enfrentamientos en la capital mexicana.

Varios estudios antropológicos han descubierto que, ante la dificultad de asumirse como miembros del conjunto en una megaciudad como la de México, los habitantes se identifican con el barrio o con un entorno aún más pequeño. En el trabajo hecho por María Ana Portal sobre pequeños pueblos históricos, de origen colonial o precolombino, hoy integrados a la ciudad de México, la noción de ciudadanía se aplica para designar la pertenencia a ese pueblo y la participación en la fiesta del santo patrono: "En el pueblo el muchacho o la muchacha, desde el momento en que se casa pasa a ser *ciudadano*, se le invita a formar parte de las festividades y se le dice cuáles son sus responsabilidades. El santo vigila, las cosas se tienen que hacer bien, si no castiga", comentaba un habitante de San Andrés Totoltepec, pueblo en el que las ocupaciones modernas —obrero, chofer— adquirieron más importancia que las campesinas. No obstante, la identificación con lo colectivo y la afirmación de pertenencia se siguen haciendo a través de prácticas rituales que simbolizan la actividad agrícola.[15]

Aun en barrios más modernos de la ciudad, en medio de la desorganización social y de las crisis de las formas partidarias de representación política, prevalecen las reacciones individualistas o las de atrincheramiento corporativo. Cuando se desvanecen las reglas para ejercer el derecho a la ciudad, cuando la apropiación de los empleos y los servicios se extravía entre arbitrariedades políticas y corrupciones, muchos pobladores buscan protegerse mediante agrupamientos sectoriales y subordinándose a paternalismos caciquiles o religiosos. Guillermo de la Peña y René de la Torre registran

[14] Aldo Bonomi, "La machina metrópoli", ponencia presentada al simposio *The Renaissance of the City in Europe*, Florencia, 6 al 8 de diciembre de 1992.

[15] María Ana Portal Ariosa, *Religiosidad popular e identidad urbana. El caso de San Andrés Totoltepec, Tlalpan, D.F.*, tesis para obtener el doctorado en Antropología presentada en la Universidad Nacional Autónoma de México, 1994, cap. 3.

en su estudio sobre las identidades urbanas en Guadalajara tres modalidades de organización, que pueden hallarse en muchas otras ciudades: *a*) Un "corporativismo familiar" que consiste en que miembros de una familia extensa participen en actividades comunes de producción y consumo para defenderse de la competencia y la inseguridad macrosocial. *b*) Un "corporativismo barrial", cuando las agrupaciones de vecinos, bajo un liderazgo fuerte, a menudo religioso, organizan la búsqueda de vivienda y empleos, el uso del tiempo libre y la creación de redes de ayuda mutua que sustituyan la falta de servicios y protección urbanos. *c*) "La asociación cívica", que persigue objetivos semejantes, pero tratando de que la participación democrática prevalezca sobre las dominaciones corporativas o autoritarias. Como dicen estos autores, hasta el presente "las viejas modalidades de amparo: las familias, las iglesias, los cacicazgos paternalistas", hegemonizan la conformación de las identidades y el ejercicio de la ciudadanía.[16]

Glocalize: *lo local globalizado*

Por una parte, la mayoría se repliega en su entorno inmediato y quiere olvidarse de lo macrourbano. Entre tanto, algunos actores comienzan a pensar la ciudad como un todo justo en la época en que su desintegración se vuelve alarmante. No sólo buscan su *gestalt* los políticos y funcionarios, que necesitan administrarla globalmente. Problemas comunes como la contaminación y el tránsito, las interacciones con el mercado nacional e internacional, impulsan a ciertos grupos a trascender lo local para entender lo que ocurre en una megalópolis. Además de la ciudad histórica, la de los monumentos y los barrios que atestiguan el espesor de los siglos, y la ciudad industrial, desplegada desde los años cuarenta, existe *la ciudad globalizada*, que se conecta con las redes mundiales de la economía, las finanzas y las comunicaciones.

[16] Guillermo de la Peña y René de la Torre, "Identidades urbanas al fin del milenio", en *Ciudades*, México, abril-junio de 1994, núm. 22.

Hasta hace poco tiempo las teorías de la urbanización caracteri-
zaban a las ciudades por diferencias notorias con el campo y por la
transferencia de fuerza de trabajo de labores agrícolas a las secundarias
o terciarias. En México también este proceso fue evidente cuando
la expansión urbana estuvo asociada al crecimiento industrial.

Los estudios urbanos reconocen ahora como el agente económico más dinámico no a la industrialización sino a los procesos informacionales y financieros. Este cambio está llevando a
reconceptualizar las funciones de las grandes ciudades. En la medida en que lo característico de la economía presente no es tanto el
pasaje de la agricultura a la industria y de ésta a los servicios, sino
la interacción constante entre agricultura, industria y servicios, en
base a procesos de información (tanto en la tecnología como en la
gestión y la comercialización), las grandes ciudades son el nudo en
que se realizan estos movimientos. En una economía intensamente
transnacionalizada, las principales áreas metropolitanas son los
escenarios que conectan entre sí a las economías de diversas sociedades. No es casual que hayan sido empresarios japoneses quienes
inventaron el neologismo *glocalize* para aludir al nuevo esquema del
"empresario-mundo" que articula en su cultura información, creencias
y rituales procedentes de lo local, lo nacional y lo internacional.[17]

Este proceso no sólo se observa en las mayores concentraciones
urbanas, que a la vez son concentraciones de alto poder económico,
como Nueva York, Londres y Tokio. Saskia Sassen argumenta que
el nuevo rol estratégico de estas ciudades deriva de la "combinación
de dispersión espacial e integración global", de su capacidad para
concentrar la acumulación financiera y las innovaciones en el consumo.[18] Manuel Castells, al analizar la nueva fase de crecimiento
económico sostenido en España, iniciada en 1985, como consecuencia de la integración al mercado europeo, afirma que una de las
fuentes del dinamismo de ciudades como Madrid y Barcelona es su

[17] Véase el análisis de esta cultura empresarial en el libro de Armand Mattelart, *La
communication-monde*, París, Editions La Découverte, 1991, pp. 260-262.

[18] Saskia Sassen, *The Global City. New York, London, Tokyo*, Princeton University Press,
1991.

papel como articuladoras de dispositivos de gestión, innovación y comercialización. La complejidad de esa articulación internacional requiere aparatos de gestión empresarial y comunicacional cada vez más sofisticados. Los servicios urbanos de comunicación y procesamiento de la información pasan a ocupar el lugar de avanzada en la generación de inversiones y empleos.[19] Ambos autores señalan que la coexistencia de una nueva élite, administradora de estos servicios, con migrantes y desempleados, engendra condiciones radicalmente distintas para el ejercicio de la ciudadanía.

Cabe preguntarse qué consecuencias socioculturales va teniendo esta reorganización ya en curso en la ciudad de México. Es evidente la explosión de una arquitectura financiera, informática y turística que ha cambiado el paisaje urbano en varias zonas, por ejemplo a lo largo del Paseo de la Reforma, en el barrio de Polanco y el sur de la ciudad. Los festivales de la ciudad de México y el del Centro Histórico, que tienen entre sus objetivos aumentar la atracción turística de la capital y convertirla en metrópoli internacional, forman parte de un conjunto de macroproyectos con los que la administración del Distrito Federal está redefiniendo el perfil de la ciudad; las transformaciones emprendidas en la Alameda, Santa Fe y Xochimilco, con concursos de proyectos e inversiones internacionales, reubican la cultura local en las redes de la globalización.[20] En la misma línea se encuentra el programa del Fideicomiso de Estímulo al Cine Mexicano, que promueve el uso de la ciudad de México para la filmación de películas extranjeras.[21]

No se trata sólo de macroproyectos gubernamentales y empresariales. Se percibe esta redefinición de lo urbano hasta en escenas cotidianas: estoy pensando en el ejecutivo y el profesional que salen

[19] Manuel Castells, "Estrategias de desarrollo metropolitano en las grandes ciudades españolas: la articulación entre crecimiento económico y calidad de vida", en Jordi Borja y otros, *Las grandes ciudades en la década de los noventa*, Madrid, Ed. Sistema, 1990.

[20] Raúl Monge, "Los grandes proyectos: Centro Histórico, Alameda, Polanco, Santa Fe y Xochimilco", en *Proceso*, núm. 750, 18 de marzo de 1991, pp. 10-13.

[21] Ricardo Camargo, "La ciudad de México como escenario", en *El Nacional*, México, 9 de marzo de 1993, p. 20.

de sus casas hablando por teléfono celular mientras conducen sus coches, llegan a las oficinas, recogen los faxes recibidos durante la noche, los contestan, pasan información por el sistema de cómputo y el módem, regresan a sus casas y ven las noticias en inglés por los canales captados mediante el cable o la antena parabólica.

Estos comportamientos sugieren cómo se reordena la ciudad a través de vínculos electrónicos y telemáticos. No deja de ser la gran ciudad crecida junto con la industria, como lo recuerda cada día la espectacular contaminación, pero es también la ciudad que se conecta dentro de sí misma y con el extranjero ya no sólo por los tradicionales transportes terrestres y aéreos, por el correo y el teléfono, sino también por cable, fax y satélites.

Tales transformaciones conducen a una redefinición teórica de lo que veníamos entendiendo por ciudad. En la capital mexicana, disgregada en un espacio sin centro que no se sabe bien hasta dónde llega, tendremos que ir pensando cómo se combina la definición *sociodemográfica y espacial* con una definición *sociocomunicacional* de la ciudad.

Ciudad sin mapa

"Cada ciudad recibe su forma del desierto al que se opone", decía Marco Polo, según el relato de Italo Calvino en *Las ciudades invisibles*. Cuando la ciudad invade al desierto, el bosque, la montaña, todo lo que la rodea y la abraza, su forma se disgrega, pierde el sentido del espacio y el desafío.

¿Cómo describir desde la antropología esta ciudad diseminada? ¿Nos retraeremos en la ilusoria autonomía de los barrios, en el repliegue atomizado de las multitudes en los hogares, en los intentos de preservar miniterritorios exclusivos de los jóvenes o los grupos de vecinos? ¿O buscaremos entender también las nuevas formas de identidad que se organizan en las redes inmateriales, en los procesos de transmisión del conocimiento, en los lazos difusos del comercio y los ritos ligados a la comunicación transnacional?

Estos caminos no tienen por qué ser excluyentes. El antropólogo puede ser el que estudie las pequeñas historias de la ciudad, y también las grandes. No tiene ya el monopolio de lo íntimo y lo cotidiano de la vida urbana. También hàcen trabajo de campo, a menudo, los sociólogos y comunicólogos. Quizá lo que mejor pueda distinguirnos en este fin de siglo a los antropólogos es la antigua preocupación por lo otro y por los otros. Pero lo otro ya no es lo territorialmente lejano y ajeno, sino la multiculturalidad constitutiva de la ciudad en que habitamos. Lo otro lo lleva el propio antropólogo dentro en tanto participa de varias culturas locales y se descentra en las transnacionales. Pero como vimos en las tensiones y disgregaciones del Festival de la ciudad de México, es más arduo conciliar la multiculturalidad en procesos colectivos que dentro de un individuo. La coexistencia actual de tradiciones indígenas e industrias comunicacionales, de lo local y lo global, no suprime las luchas y discriminaciones: al querer cohesionar en un solo programa lo culto y lo popular, lo mexicano y lo extranjero, el Festival descubrió que los rockeros repudiaban con silbidos cuando se anunciaba la música romántica de Marco Antonio Muñiz, o que muchos amantes del ballet o del folclor indígena negaban legitimidad al rock para integrar el mismo programa artístico. Conflictos análogos se producen entre quienes defienden las culturas locales y los agentes que buscan transnacionalizar o mercantilizar la ciudad.

Los problemas actuales de una antropología urbana no consisten sólo en entender cómo concilia la gente la velocidad de la urbe globalizada con el ritmo lento del territorio propio (que en una gran ciudad suele volverse vertiginoso y aturdido). Nuestra tarea es también explicar cómo la aparente mayor comunicación y racionalidad de la globalización suscita formas nuevas de racismo y exclusión. Las reacciones fundamentalistas que hoy crecen en las grandes ciudades, sean Los Ángeles o México, Berlín o Lima, hacen pensar que los antropólogos no podemos contentarnos con ser apologistas de la diferencia. Se trata de imaginar cómo el uso de la información internacional y la simultánea necesidad de pertenencia y arraigo local pueden coexistir, sin jerarquías discriminatorias, en una multiculturalidad democrática e inteligente.

¿Detectives o psicoanalistas?

Esta reubicación del trabajo antropológico requiere hacerse cargo de las múltiples prácticas que transforman la ciudad: las prácticas "reales", dispersas, que registran las encuestas o el trabajo de campo, y los discursos que las reunifican o segregan en el imaginario urbano. Interrogarse por el sentido de la ciudad es explorar la estructura y la desestructuración de formas demográficas, socioeconómicas y culturales que tienen cierta "realidad" objetivable. Pero a la vez exige indagar cómo se representan los sujetos los actos por los cuales habitan estas estructuras. El sentido de la ciudad se constituye en lo que la ciudad da y en lo que no da, en lo que los sujetos pueden hacer con su vida en medio de las determinaciones del hábitat y lo que imaginan sobre ellos y sobre los otros para suturar las fallas, las faltas, los desengaños con que las estructuras y las interacciones urbanas responden a sus necesidades y deseos.

En una época globalizadora, cuando la ciudad no está constituida sólo por lo que sucede en su territorio, sino también por el modo en que la atraviesan migrantes y turistas, mensajes y bienes procedentes de otros países, construimos más intensamente lo propio en relación con lo que imaginamos sobre los otros. Además de proyectar la fantasía en el desierto que se opone a la ciudad, en las salidas de fin de semana buscando la naturaleza, lo hacemos en la proliferación de discursos de los múltiples grupos que habitan en la urbe o la recorren. De ahí el interés de trabajar con los textos que describen pero también imaginan la urbe: los relatos de informantes, las crónicas periodísticas y literarias, las fotos, lo que dicen la radio, la televisión y la música que narran nuestros pasos urbanos.

¿Para qué le sirve a la antropología ocuparse de materiales tan heterogéneos? Para contrastar a unos discursos con otros, con los hechos sociales de los cuales esos discursos hablan y con la experiencia de los sujetos que los enuncian. Al situar esta estrategia de estudio en los debates epistemológicos, afirmaría que necesitamos una antropología *posempirista* y *poshermenéutica*. ¿Qué queremos decir con esto? Ante todo, dejar de suponer que lo observable en los hechos mediante las encuestas y el trabajo de campo sea la verdad. Tampoco pensamos que el dilema entre empiristas y hermeneutas se resuelva confrontando hechos y discursos. La verdad no emerge, como en una operación detectivesca, de obligar a los discursos a someterse a la demostración de los datos. El antropólogo se parece menos al detective que al psicoanalista. Se pregunta por la posible correlación del discurso con los hechos para averiguar en qué medida el discurso es una fantasía o un delirio. Simultáneamente, interroga lo que los actos significan para los sujetos que los viven, porque sabe que el significado (ya no la verdad) de los hechos no está contenido en ellos, sino en el proceso por el cual los sujetos los constituyen y los sufren, los transforman y experimentan la resistencia de lo real. El antropólogo se coloca en esta intersección entre los hechos y los discursos. Ambos tienen una cierta consistencia que les da su relativa objetividad y hace posible el análisis científico, pero a la vez ambos —hechos y discursos— están organizados por un régimen imaginario, cuyo sentido no se agota en la apariencia objetiva.

En esta dirección es posible cambiar la respuesta a la pregunta posmoderna: ¿quién habla en los libros de antropología? No se trata ya de optar entre el antropólogo y el informante. Lo que habla, más que un agente social, es una diferencia, una grieta, una búsqueda del Otro y de lo Otro. O, quizá mejor, las muchas formas de entender la otredad que conviven en una gran urbe multicultural. Esta diferencia y esta grieta suelen ser "suturadas" dentro de cada sociedad mediante relaciones de poder y rituales de cohesión social. En la gran ciudad, como vimos, los actos del gobierno y el discurso de los medios reúnen en totalidades imaginarias los fragmentos dispersos del tejido urbano. También encontramos que *la* ciudad logra existir, por momentos, en la solidaridad ante un sismo o un plebiscito, en ciertas fiestas o en la preocupación ecológica. La mirada a la vez local y global del antropólogo, o de cualquier científico social, puede reconocer en esos actos proyectos de recomposición social, y también lo que tienen de simulacros de sutura. En términos de una antropología instruida por el psicoanálisis, diremos que toda labor de conocimiento acaba restaurando, mediante la crítica, la evidencia de la falta y el conflicto.

¿Cómo puede ser hoy, entonces, el encuentro entre antropología y psicoanálisis? Del mismo modo que ocurre entre sociología y antropología, no es tanto un diálogo entre dos saberes sobre objetos diferentes, sino una conversación sobre lo que ocurre en el acto de querer saber, una conversación sobre la distancia y la diferencia, sobre la falta y los recursos con que ensayamos cubrirla. En este diálogo la antropología (y la sociología) puede aprender a no sociologizar, a no quedarse en la descripción de las suturas sociales, sean de los ritos o las simples prácticas de supervivencia; el psicoanálisis puede recibir del antropólogo, a su vez, información sobre las condiciones sociales, la organización colectiva, los relatos y los ritos, con los que los hombres nos reunimos en ciudades para poder convivir con lo que nos falta. Buscamos acercarnos mejor no sólo a lo que los hombres y mujeres somos, sino también a lo que tratamos de hacer con aquello que no logramos ser.

La crisis de la ciudad es homóloga a la crisis de la antropología. Quizá por eso la desintegración de la ciudad exaspera y cambia de semblante los problemas antropológicos. La polémica acerca de si se puede hacer antropología en la ciudad o debe hacerse antropología de la ciudad suponía la existencia de una urbe territorialmente delimitada, cuya realidad era abarcable. El problema parecía ser si el método antropológico era capaz de abarcar ese objeto macro. Ahora pensamos que lo que ocurre en la ciudad es sedimentación de un conjunto multideterminado de procesos globales internos y externos, que ninguna disciplina puede estudiar sola. En esta situación lo mejor que podemos hacer los antropólogos es recurrir a nuestra destreza para ser especialistas en la alteridad, no preocuparnos tanto por la escala del objeto de estudio y dedicarnos a ver qué le pasa a lo que creíamos lo mismo cuando se *altera* en los cruces con lo otro. Nos interesa la ciudad globalizada como escena multicultural.

Este enfoque deja muchas cuestiones sin resolver. Pero hay una que sería escandaloso omitir, puesto que estamos hablando de la demacrada ciudad de México. Es posible formularla así: ¿hay una forma específica en que se alteren las ciudades latinoamericanas? Mientras en Europa se habla de un "renacimiento de las ciudades" por su avanzado desarrollo de infraestructura y servicios de excelencia, conectados a las innovaciones internacionales,[22] las ciudades latinoamericanas son cada vez más sedes de catástrofes. La contaminación que está casi todo el año por encima del nivel tolerable, las inundaciones y los derrumbes, la expansión de la pobreza extrema y el deterioro general de la calidad de vida, la violencia sistemática e incontrolable, son las características con que Santiago de Chile y México, Bogotá y Caracas, Buenos Aires, Lima y Sao Paulo se "preparan" para el siglo XXI.

Todo esto exige tomar con prevenciones el elogio a la diseminación y la multipolaridad como bases de una vida más libre, formulado por teorías urbanísticas posmodernas y movimientos autogestionarios de las últimas décadas. No es lo mismo el avance de la autogestión y la pluralidad descentrada luego de un periodo de planificación, durante el cual se reguló el crecimiento de la ciudad y la satisfacción de necesidades básicas (como en casi todas las urbes europeas y estadunidenses), que la explosión de intentos de sobrevivencia basados en la escasez, la expansión errática, el uso depredador del suelo, el agua y el aire. En aquellos países que entraron en el siglo XX con tasas bajas de natalidad, ciudades planificadas y gobiernos democráticos, las digresiones, la desviación y la pérdida de poder de los órdenes totalizadores pueden ser caminos celebrables de una lógica descentralizadora. En cambio, en ciudades como México, la diseminación —generada por el estallido demográfico, la invasión popular y especulativa del suelo, sin formas democráticas de representación

---

[22] Véase el simposio citado sobre "El renacimiento de las ciudades europeas", y los artículos de Manuel Castells y Guido Martinotti en el libro *Las grandes ciudades en la década de los noventa, cit.*

ni administración del espacio urbano — requiere a la vez más descentralización y más planificación, más sociedad civil y más Estado.

He hablado de la necesaria complementación de la antropología con la sociología, los estudios comunicacionales y el psicoanálisis para desentrañar lo que ocurre en la gran urbe. Me gustaría finalizar confesando la insatisfacción que algunos experimentamos cuando sólo hablamos con las voces de las ciencias sociales y por qué esto me impulsa a trabajar en los próximos años con los discursos que imaginan la ciudad.

¿Puede el estilo etnográfico describir expresivamente el entrecruzamiento de culturas y la experiencia de la alteridad interna en ciudades tan complejas? ¿Cómo captar el movimiento vertiginoso y desgarrado de la urbe si nos quedamos en los cortes sincrónicos y despersonalizados con que las estadísticas congelan el fluir social? Los discursos literarios, artísticos y massmediáticos, además de ser documentos del imaginario compensatorio, sirven para registrar los dramas de la ciudad, de lo que en ella se pierde y se transforma. Pueden ayudarnos a encontrar un estilo de explicación e interpretación a la medida y la manera de lo que está ocurriendo. José Emilio Pacheco concluye su novela *Las batallas en el desierto* hablando sobre todo lo demolido en la colonia Roma de la ciudad de México donde vivió su infancia: "Se acabó esa ciudad. Terminó aquel país. No hay memoria del México de aquellos años. Y a nadie le importa: de ese horror ¿quién puede tener nostalgia?"

¿No debiera contener el discurso de las ciencias sociales estas declaraciones arriesgadas, sobre todo cuando se habla de catástrofes? Desde que empecé a estudiar la ciudad de México y me pregunté, como muchos investigadores agobiados por las cifras, ¿por qué no nos vamos?, encontré difícil expresar mejor lo amenazante y entrañable de esta urbe que aquellos versos de Efraín Huerta:

> Ciudad negra o colérica o mansa o cruel
> o fastidiosa nada más: sencillamente tibia.

3. Políticas culturales urbanas en América Latina

¿Qué principios pueden guiar hoy la acción cultural en grandes ciudades? Casi toda la bibliografía sobre políticas culturales las concibe en relación con identidades nacionales o con la identidad que caracterizaría a los habitantes de un territorio particular. En la misma línea, la escasa literatura existente sobre políticas culturales urbanas supone que éstas deben referirse al conjunto de tradiciones, prácticas y modos de interacción que distinguen a los pobladores de una ciudad determinada.

Pero así como las culturas nacionales están en duda, tenemos que poner entre signos de interrogación lo que significa pertenecer a una urbe, sobre todo en las megaciudades. ¿Siguen existiendo en la ciudad de México, Sao Paulo o Buenos Aires conjuntos peculiares de rasgos que permitan identificar a sus habitantes como chilangos, paulistas y porteños? Algunos estudios efectuados en los últimos cinco años sobre comportamientos sociales y simbólicos en estas tres ciudades latinoamericanas nos inducen a replantear lo que debieran ser las políticas culturales. En parte, lo que voy a decir surge de condiciones peculiares de conglomerados metropolitanos que superan los diez millones de habitantes; pero me parece que las conclusiones extraídas de estas megalópolis podrían ser hipótesis atractivas para la investigación y el diseño de políticas culturales en ciudades medias, por lo menos en aquellas que rebasan los dos millones de habitantes y donde la llegada de migrantes y turistas, el desarrollo industrial, comunicacional y financiero transnacionalizados generan cierta desterritorialización de la cultura local (por ejemplo, Santiago de Chile, Río de Janeiro, Lima, Caracas, Bogotá, Monterrey, Guadalajara y otras semejantes).

Vamos a examinar los desafíos que surgen para las políticas culturales como resultado de dos cambios: *a*) La disolución de las monoidentidades; *b*) la pérdida de peso y la reubicación de las culturas tradicionales-locales (de élite y populares) por el avance de los medios electrónicos de comunicación.

Disolución de las monoidentidades

Las políticas culturales se concebían hasta hace poco tiempo como conservación y administración de patrimonios históricos, acumulados en territorios nítidamente definidos: los de la nación, la etnia, la región o la ciudad. El Estado discernía entre lo que correspondía o no apoyar según la fidelidad de las acciones al territorio propio y a un paquete de tradiciones que distinguían a cada pueblo. Más aún: cada Estado-nación moderno arregló las tradiciones diversas y dispersas de etnias y regiones para que pudieran ser expuestas armónicamente en las vitrinas de los museos nacionales y en los libros de texto que siguen siendo idénticos para todas las zonas del país.

Bajo tal estrategia unificadora, las diferencias culturales entre las ciudades de un mismo país eran asumidas como modos particulares dentro de un "ser nacional" común: las diferencias entre los porteños y los provincianos, entre los paulistas y los cariocas, entre los chilangos y los del interior parecían material atractivo para el folclor y el humor regionales, pero casi nadie dudaba de que esas peleas entre hermanos eran contenidas por la unidad profunda de los argentinos, los brasileños y los mexicanos.[1]

[1] Algunos libros han tratado esta construcción imaginaria de identidades nacionales: Adolfo Prieto, *El discurso criollista en la formación de la Argentina moderna*, Buenos Aires, Sudamericana, 1988; Beatriz Sarlo, *Una modernidad periférica: Buenos Aires 1920 y 1930*,

En esta segunda mitad del siglo XX ese simulacro de las monoidentidades se vuelve inverosímil y estalla, con particular evidencia, en las grandes urbes. ¿Qué significa ser chilango en una ciudad como la de México, donde más de la mitad de sus habitantes nacieron en otras zonas del país? Señalé en el capítulo anterior que en la capital mexicana viven 263 mil indígenas. Pero además hay varios millones de citadinos que proceden de regiones predominantemente indígenas (Oaxaca, Guerrero, Michoacán, etc.), y por eso reproducen en la capital marcas étnicas cuando construyen sus casas, comen, buscan cómo curarse o tejen redes de solidaridad.

En Sao Paulo, la ciudad más moderna e industrializada de Brasil, vive más de un millón y medio de nordestinos y aún más migrantes procedentes de Minas Gerais, Río Grande do Sul y otros estados. Varios estudios antropológicos y sociológicos han puesto de manifiesto la enorme heterogeneidad de la población paulista, incluso de la que suele agruparse como "sectores populares urbanos". La gran urbe crea patrones de uniformidad, remodela los hábitos locales y los subordina a estilos "modernos" de trabajar, vestirse y distraerse; vivir en una gran ciudad significa para la mayoría de los migrantes, no importa de dónde vengan, aspirar a tener casa propia en una calle pavimentada, con luz y agua, cerca de escuelas y centros de salud. Sin embargo, la homogeneización del consumo y la sociabilidad, propiciada por los formatos comunes con que se organizan esos servicios, no borra las particularidades. "La construcción social del tiempo libre", explica Antonio Augusto Arantes, "no es el resultado de un solo factor preponderante (económico o educativo), sino del entrejuego de múltiples variables que se modulan recíprocamente". Además de la posición social, son notoriamente importantes el género y la edad.[2] Asimismo, puede hablarse,

Buenos Aires, Nueva Visión, 1988; Renato Ortiz, *Cultura brasileira & identidade nacional*, Sao Paulo, Brasiliense, 1985; Roberto Schwarz, "Nacional por subtraçao", en *Que horas sao*, Sao Paulo, Companhia das letras, 1987; Roger Bartra, *La jaula de la melancolía. Identidad y metamorfosis del mexicano*, México, Grijalbo, 1987; Claudio Lomnitz-Adler, *Exits from the labyrinth. Culture and Ideology in the mexican national space*, Berkeley-Los Ángeles-Oxford, University of California Press, 1992.

[2] Antonio Augusto Arantes, *Horas furtadas. Dois ensaios sobre consumo e lazer*, inédito.

de acuerdo con el título de un artículo de Eunice Ribeiro Durham, de un modo distinto de ver la sociedad desde la periferia.[3] Pero aun diversas zonas periféricas desarrollan modos peculiares de reunirse, hablar y satisfacer sus necesidades. Especialmente los sectores populares, o sea quienes no tienen auto, ni teléfono, tienden a restringir el horizonte de la ciudad al propio barrio: allí se elaboran las redes de interacción que despliegan modalidades distintas dentro de una misma urbe y sólo se abren —limitadamente— a las grandes venas de la ciudad cuando los pobladores deben atravesarla para viajar al trabajo, realizar un trámite o buscar un servicio excepcional.

En los estudios sobre consumo en grandes ciudades, que realizamos a través del Grupo de Políticas Culturales de CLACSO, en Buenos Aires, Santiago de Chile, Sao Paulo y México,[4] encontramos una desestructuración de las experiencias citadinas. Sobre todo en las dos últimas ciudades, donde la mancha urbana se diseminó a un ritmo mucho más veloz que la expansión de los equipamientos culturales públicos, se observa una atomización de las prácticas simbólicas y una asistencia baja, y en declive, a los centros comunes de consumo: cines, teatros y espectáculos musicales. Esta disgregación se manifiesta también en los movimientos culturales y políticos populares, que se caracterizan por tener visiones locales y parceladas. Al estudiar Sao Paulo, Buenos Aires y México comprobamos que el prefecto, el intendente o el regente, quienes manejan el gobierno global de la ciudad, son figuras distantes, y sólo adquieren concreción cuando es posible vincularlas con algún referente del barrio, del entorno inmediato.[5] Tanto en las demandas políticas

[3] Eunice Ribeiro Durham, "A sociedade vista da periferia", en *Revista Brasileira de Ciencias Sociais*, núm. 1, vol. 1, junio de 1986, pp. 84-99.

[4] Cf. de O. Landi, A. Vacchieri y L. A. Quevedo, *Públicos y consumos culturales en Buenos Aires*, Buenos Aires, CEDES, 1990; los artículos de N. García Canclini, Mabel Piccini, Patricia Safa, Eduardo Nivón, Ana Rosas y Maya Lorena Pérez en el libro *El consumo cultural en México, cit.*; el texto de C. Catalán y G. Sunkel, *Consumo cultural en Chile: la élite, lo masivo y lo popular*, Santiago, FLACSO, 1990; y de A. A. Arantes, *Horas furtadas. Dois ensaios sobre consumo e lazer, cit.*

[5] Véase el artículo de Eduardo Nivón, "El consumo cultural y los movimientos sociales", en el libro *El consumo cultural en México, cit.*

como en la organización de actos artísticos o recreativos, los movimientos de vecinos piensan en las perturbaciones generadas por el comercio ambulante, en la fiesta del patrono del barrio o en el transporte que debe llegar hasta la calle más cercana, pero es difícil que se planteen los problemas globales de la ciudad. Las políticas culturales de los movimientos populares son políticas de lo cercano, poco interesadas en macrocuestiones como la ecología o los programas de las grandes instituciones. Aun cuando estos movimientos locales se agrupen, su visión de la ciudad es la de una suma de fragmentos y cuesta mucho coordinar o jerarquizar las demandas de cada uno en programas de amplia escala.

Quizá las dos manifestaciones que hacen más patente la dificultad de hablar de una identidad homogénea en cualquiera de las grandes ciudades mencionadas sean las bandas juveniles y la discriminación a los migrantes. Las bandas "compensan" la atomización y la disgregación de las grandes urbes ofreciendo pertenencia a grupos; ante la pérdida de expectativas escolares y la estrechez del mercado de trabajo, brindan a decenas de miles de jóvenes otras formas de socialización y de acceso a los bienes de consumo. Pero las bandas también llevan hasta la exasperación los enfrentamientos interculturales, la ardua convivencia entre nativos y migrantes, entre migrantes de diverso origen, las disputas por el territorio y el control sociopolítico. Sus nombres irritados lo dicen con elocuencia: Sátiros, Ratas Punk, Niños Idos, Bastardos, Funerales, son algunos de la ciudad de México.[6] Las bandas juveniles, como el comercio informal y otros tipos de organización fractal, evidencian la incapacidad de las políticas sociales y culturales macro para dar respuestas omnicomprensivas. La suspicacia de vastos sectores hacia esas políticas y la multiplicidad irreductible —a menudo inconciliable— de lenguajes y estilos de vida, de estrategias de supervivencia y comunicación, manifiestan cómo se descomponen las megaciudades.

---

[6] Véase el artículo de Héctor Castillo Berthier, Sergio Zermeño y Alicia Ziccardi, "La cultura de las bandas", en N. García Canclini (ed.), *Cultura y postpolítica*, México, CNCA, en prensa.

Otra vía prometedora, aún inexplorada, para documentar la discriminación entre habitantes de diversas zonas de una misma'ciudad, y sobre todo hacia los migrantes, sería estudiar el racismo y el clasismo en el humor. En Buenos Aires, la irrupción masiva de provincianos desde los años cuarenta fue etiquetada como "aluvión zoológico"; a los recién llegados se les denomina desde "cabecitas negras" hasta "teléfonos públicos": "son negros, cuadrados y no funcionan".

La multitudinaria migración de pobres del Nordeste y la intrusión de capitales árabes en Sao Paulo durante los años ochenta dio lugar a chistes como éste: un constructor árabe busca en las obras paulistas buenos albañiles nordestinos, dispuestos a volver a emigrar, y les ofrece sueldos en dólares si van a trabajar a Irak; a los que aceptan los suben a un avión, que aterriza de emergencia en el Sahara; los bajan y, cuando ven la inmensidad de la arena, preguntan "¿cuándo va a llegar el cemento?"

En la ciudad de México el humor clasista ha crecido en las catástrofes, como si se buscara escapar mediante la sátira a la vez del terror de un sismo o una explosión y del que suscitan las "invasiones" de migrantes o sectores populares. En noviembre de 1984, poco después de que en San Juanico, en la periferia de la capital, la explosión de una planta almacenadora de gas mató a unas 500 personas y destruyó 1 500 casas, en la ciudad de México surgieron decenas de chistes macabros: "¿Qué te pareció lo de San Juanico?" "¡Qué barbaridad! Si llega a pasar en Las Lomas [7] es una tragedia." "En San Juanico no se sirven tacos al carbón, sino nacos [8] al carbón."

Sabemos que este tipo de humor no sólo circula entre los sectores medios y altos de las grandes ciudades. Forma parte también de muchos programas radiales y televisivos, o sea, de la política cultural de los comunicadores. Pero, como anota Carlos Monsiváis, el sarcasmo hacia los subalternos no es simple efecto del desprecio de las capas privilegiadas: los medios masivos lo difunden con éxito en

---

[7] Para quienes no conocen la ciudad de México: Las Lomas es uno de los barrios elegantes tradicionales.

[8] Nacos es la denominación usada en México para referirse despectivamente a indígenas y grupos populares, principalmente urbanos.

tanto los públicos masivos lo festejan.[9] La resonancia de muchos cómicos que ridiculizan estereotipos populares, desde Cantinflas hasta Héctor Suárez, se sostiene tanto en políticas massmediáticas discriminantes como en tendencias autodenigratorias de los ofendidos. Esta complicidad de los subalternos en la reproducción de la desigualdad lleva a repensar las posibilidades de democratización de las políticas culturales y las idealizaciones de la sociedad civil.

Uno de los pocos textos latinoamericanos en que vi trabajada esta cuestión es el que expone el estudio de Antonio Flávio Pierucci sobre el racismo antinordestino en Sao Paulo. Este investigador quiso entender qué mecanismos de la cultura política podían explicar la derrota de Fernando Henrique Cardoso cuando presentó su candidatura para prefecto de Sao Paulo en 1985.

Eligió las zonas de la ciudad en que habían tenido más votos Jânio Quadros, que fue electo, y Paulo Maluf, el candidato de la derecha. Encontró que en la clase media baja uno de los motivos principales del voto conservador era la aversión a los migrantes nordestinos, a los que atribuían la decadencia de la ciudad. Los problemas más visibles de Sao Paulo, que pueden comprenderse como resultado del tipo de industrialización y expansión modernizadora generadas por las élites paulistas, quedaban a un costado ante la convicción de que la ciudad del pasado, que imaginaban espléndida, había sido arruinada por esos migrantes "de calidad inferior". Pierucci concluye que en amplios sectores populares el "sentido común conservador" y el voto por la derecha surgen de una idealización de las diferencias. Tiene que ver, agrega, con una percepción de las diferencias raciales o étnicas como concretas y un rechazo al pensamiento igualitario como abstracto. Advierte, por eso, sobre la idealización populista de los derechos populares a la diferencia y sobre la exaltación de la diferencia sin igualdad en ciertas tendencias posmodernas.[10]

[9] Carlos Monsiváis, *Entrada libre. Crónicas de la sociedad que se organiza*, México, Era, 1987, pp. 144 a 150.
[10] Antonio Flávio Pierucci, "Linguagens autoritárias, voto popular", en Evelina Dagnino (org.), *op. cit.*, pp. 137-149.

Disgregación de las culturas tradicionales, nuevos enlaces electrónicos

La cohesión de las culturas nacionales y urbanas fue generada y sostenida, en parte, gracias a que las artes cultas y populares proporcionaban iconografías particulares como expresión de identidades locales. El tango, la literatura de Borges y la pintura de Antonio Berni representaban el universo simbólico que distinguía a Buenos Aires (aunque de hecho sus raíces y su difusión se extendían a otros territorios). Las películas de Pedro Infante, ciertos edificios del centro histórico y la música de Chava Flores fueron algunos de los signos identificadores de la ciudad de México (aunque su repercusión y su capacidad de representación sociocultural abarcara a gente de otras regiones).

¿Qué queda de estos vínculos entre ciertas ciudades y ciertos símbolos cuando las músicas nacionales se hibridizan con las de otros países y cuando el cine se dedica a hacer coproducciones internacionales? El cine y la televisión, para alcanzar amplias audiencias y recuperar las inversiones, promueven narraciones espectaculares inteligibles para públicos de todas las culturas. Las referencias nacionales y los estilos locales se disuelven en películas, cuadros y series televisivas que cada vez se parecen más en Sao Paulo y Tokio, Nueva York y México, París y Buenos Aires.

Los repertorios folclóricos locales, tanto los suministrados por las artes cultas como por las populares, no desaparecen. Pero su peso disminuye en un mercado hegemonizado por las culturas electrónicas transnacionales, cuando la vida social urbana ya no se hace sólo en los centros históricos o tradicionales de las ciudades sino también en los centros comerciales modernos de la periferia, cuando los paseos se desplazan de los parques peculiares de cada ciudad a los *shoppings* que se imitan entre sí en todo el planeta.

En un estudio sobre Bogotá y Sao Paulo, Armando Silva preguntó dónde se daban cita los habitantes de esas ciudades. Las respuestas mostraron que los lugares peculiares (las iglesias, las plazas, las cafeterías, y en Bogotá especialmente las panaderías) predominan entre en los adultos, sobre todo si tienen más de 50 años; a medida que la edad desciende la preferencia es mayor por los centros comerciales y las estaciones del metro.[11] Esta tendencia, también verificable en otras ciudades tan densas de sitios históricos, "citables", como Buenos Aires y México, sugiere en las generaciones jóvenes una predilección por lo que Marc Augé denomina "los no lugares". El crecimiento de esas "instalaciones necesarias para la circulación acelerada de las personas y los bienes",[12] que se observa tanto en el uso del espacio como en los hábitos de los ciudadanos, revela una deslocalización de las concentraciones urbanas, la disminución (no la desaparición) de lo distintivo en beneficio de lo desterritorializado y deshistorizado. Es cierto, como escribe Beatriz Sarlo, que cada *shopping* está concebido como "un espacio sin cualidades: un vuelo interplanetario a Cacharel, Stephanel, Fiorucci, Kenzo, Guess y McDonalds"... "el *shopping* tiene una relación *indiferente* con la ciudad que lo rodea" y "ofrece su modelo de ciudad miniaturizada, que se independiza soberanamente de las tradiciones y de su entorno": "ha sido construido demasiado rápido, no ha conocido vacilaciones, marchas y contramarchas, correcciones, destrucciones, influencias de proyectos más amplios", "y cuando hay algo de historia, no se plantea el conflicto apasionante entre la resistencia del pasado y el impulso del presente".[13] Pero ¿no se convertirán, sin embargo, estos sitios neutros, como los *shoppings*, en *lugares* por el modo en que las nuevas generaciones los marcan al utilizarlos como significativos y los incorporan a su propia historia?

En la investigación sobre consumo cultural que realizamos en la ciudad de México observamos esta pérdida del uso público de lugares emblemáticos, pero por otro proceso complementario: la progresiva sustitución de la asistencia a espectáculos y encuentros

[11] Armando Silva, *Imaginarios urbanos. Bogotá y Sao Paulo: cultura y comunicación urbana en América Latina*, Bogotá, Tercer Mundo Editores, 1992, pp. 205-208 y 272-275.

[12] Marc Augé, *Los "no lugares". Espacios del anonimato. Una antropología de la sobremodernidad*, Barcelona, Gedisa, 1993, p. 41.

[13] Beatriz Sarlo, *op. cit.*, pp. 15-19.

en lugares públicos por el consumo de radio, televisión y video en el hogar. Los resultados de la encuesta que reseñamos en el capítulo anterior muestran que no llega a 10% el sector que se relaciona con la cultura institucionalizada (cine, teatro, conciertos, salones de baile), ni tampoco supera ese porcentaje la franja de quienes dicen asistir regularmente a espectáculos o fiestas en que se manifiestan las culturas populares tradicionales. Si esto ocurre en un país como México, con fuertes tradiciones étnicas y populares, más promovidas por el Estado que en otras sociedades, es imaginable que en los demás la vida simbólica local cuenta aún con menos eco.

En tanto, encontramos que la casi totalidad de los hogares de la ciudad de México tiene televisión y radio. El alto porcentaje de tiempo que esos aparatos ocupan en el uso del tiempo libre revelan una reorganización de los hábitos culturales, cada vez más dedicados a los mensajes audiovisuales que se reciben en casa y expresan códigos internacionales de elaboración simbólica. La información y el entretenimiento de las mayorías procede principalmente de un sistema deslocalizado, internacional, de producción cultural, y cada vez menos de la relación diferencial con un territorio y con los bienes singulares producidos en él.

La desintegración de la ciudad generada por la expansión demográfica y de la mancha urbana, disminuye el papel organizador del centro histórico y los usos compartidos de los espacios públicos que daban experiencias comunes de vida en la capital mexicana. Esa desconexión entre los habitantes de zonas alejadas por dos o tres horas de viaje es "compensada", como decíamos, por los enlaces massmediáticos. La expansión territorial y la masificación de la ciudad, que redujeron las interacciones barriales, ocurrieron entre los años cincuenta y la actualidad, o sea en el mismo lapso en que se difundieron por toda la ciudad la radio, la televisión y el video, nuevos vínculos electrónicos, invisibles, que reconstruyen de un modo más abstracto y despersonalizado los nexos entre los habitantes, al mismo tiempo que nos conectan con la simbólica transnacional.

¿Puede haber todavía recursos culturales o comunicacionales que fomenten los encuentros vivos, sin mediaciones, entre las masas de la ciudad telecableada? Gran parte de la comunicación se realiza por los diarios o la televisión; pero esos mismos medios muestran que los habitantes también se encuentran, a veces, en manifestaciones políticas, en ferias y fiestas, y de algún modo hasta en los tumultos del metro, las colas y las compras. ¿Podrían hacer algo las políticas culturales para cohesionar a estos múltiples grupos dispersos en las megaciudades de fin de siglo? ¿O esta preocupación por diseñar políticas que abarquen la diversidad de las megaciudades es la nostalgia anacrónica de tiempos en que pensábamos desde la totalidad?

Políticas para la ciudadanía

1. Una primera consecuencia de estos datos es que las necesidades culturales de las grandes ciudades requieren políticas multisectoriales, adaptadas a las zonas, los estratos económicos, educativos y generacionales, en suma a la compleja heterogeneidad de lo que suele simplificarse como "el público". Quizá las ciudades que mencionamos nunca fueron homogéneas. Quizá el punto de partida para las políticas urbanas sea no pensar la heterogeneidad como problema, sino como base de la pluralidad democrática.

2. Las políticas culturales más democráticas y más populares no son necesariamente las que ofrecen espectáculos y mensajes que lleguen a la mayoría, sino las que toman en cuenta la variedad de necesidades y demandas de la población. Ni las élites ni los sectores populares, como revela la fragmentación de sus comportamientos, constituyen una masa homogénea. Precisamente la gran ciudad que los masificó, los conectó al mismo tiempo con una gran variedad de ofertas simbólicas —nacionales y extranjeras—, que fomentan la pluralidad de gustos; requieren, por eso, acciones culturales diferenciadas. Las políticas culturales serán más democráticas no al afirmar dogmáticamente una única identidad legítima de cada ciudad

o nación, sino en tanto propicien la convivencia de las múltiples formas de ser porteño en Buenos Aires, paulista en Sao Paulo y chilango en la ciudad de México.

3. Las políticas que promueven tradiciones locales conservan adherentes y pueden contribuir a sostener los perfiles históricos que distinguen a los habitantes de una ciudad. Sin duda, los imaginarios urbanos siguen estando constituidos por la memoria de cada ciudad y de algunos barrios emblemáticos, por recorridos y escenarios idealizados, por rituales en los que los habitantes se apropian del territorio urbano, por narraciones singulares que lo consagran. Esa relación cómplice activa movimientos ecológicos y fiestas locales aun en megalópolis. Cultivar ese fervor puede ser un recurso para encender la responsabilidad ciudadana: no faltan movimientos urbanos que basan en él la organización y la movilización políticas. Pero también sabemos cuántas veces propicia la xenofobia una política cultural que lo hace de un modo reactivo, como refugio nostálgico de lo que aún resistiría la modernización y la globalización. Además, el predominio de los consumos massmediáticos y la necesidad de la población de conectarse con la información internacional indican que la promoción de las culturas tradicionales adquiere sentido y eficacia en la medida en que vincula esas tradiciones con las nuevas condiciones de internacionalización.

4. Las industrias culturales son hoy el principal recurso para fomentar el conocimiento recíproco y la cohesión entre los múltiples organismos y grupos en que se fragmentan las grandes ciudades. La posibilidad de reconstruir un imaginario común para las experiencias urbanas debe combinar los arraigos territoriales de barrios o grupos con la participación solidaria en la información y el desarrollo cultural propiciado por medios masivos de comunicación, en la medida en que éstos hagan presentes los intereses públicos. La ciudadanía ya no se constituye sólo en relación con movimientos sociales locales, sino tambien en procesos comunicacionales masivos.

4. Narrar la multiculturalidad*

Quiero proponer una discusión sobre el estado actual de la multiculturalidad y su funcionamiento en los estudios culturales urbanos. Si bien me apoyaré principalmente en las ciencias sociales, en tanto me interesa la ciudad no sólo como objeto de conocimiento sino como escenario donde se imagina y se narra, tendré en el horizonte algunas cuestiones que se tratan en el campo literario. Los cruces multiculturales y la industrialización de lo simbólico han llevado a que la teoría literaria expanda su objeto de análisis para abarcar procesos de significación en los que se textualiza y se narra lo social de maneras diversas a como lo hacen las obras clásicamente reconocidas por esta disciplina. Más que detenerme en cuál sería, luego de esta explosión de su objeto, el campo propio de lo literario, me interesa compartir una preocupación a la que me condujeron los estudios citados: qué estamos haciendo al narrar la multiculturalidad y qué significa esa operación en las sociedades contemporáneas.

Constructivismo vs. fundamentalismo

Lo primero que me parece inquietante es que los relatos de la multiculturalidad se encuentren hoy escindidos entre la teorización

* Una primera versión de este trabajo fue presentada en el simposio *La literatura latinoamericana: encrucijada de lenguas y culturas*, realizado en la Universidad de Berkeley, en abril de 1994.

académica y los movimientos sociopolíticos. Las ciencias sociales y las humanidades conciben las identidades como históricamente constituidas, imaginadas y reinventadas, en procesos constantes de hibridación y transnacionalización, que disminuyen sus antiguos arraigos territoriales.[1] En cambio, muchos movimientos sociales y políticos absolutizan el encuadre territorial originario de las etnias y naciones, afirman dogmáticamente los rasgos biológicos y telúricos asociados a ese origen, como si fueran ajenos a las peripecias históricas y a los cambios contemporáneos. En los conflictos interétnicos e internacionales encontramos tendencias obstinadas en concebir cada identidad como un núcleo duro y compacto de resistencia; por eso, exigen lealtades absolutas a los miembros de cada grupo y satanizan a los que ejercen la crítica o la disidencia. La defensa de la pureza se impone en muchos países a las corrientes modernas que buscan relativizar lo específico de cada etnia y nación a fin de construir formas democráticas de convivencia, complementación y gobernabilidad multicultural.

En verdad, esta oposición entre el discurso constructivista de los estudios culturales y las doctrinas fundamentalistas de los movimientos étnicos o nacionales es reciente. Si seguimos los vínculos de la literatura, la filosofía y la antropología con el fundamentalismo en los últimos dos siglos, hallamos fuertes complicidades. El romanticismo folclórico y el nacionalismo político se aliaron para lograr que las tradiciones de los agrupamientos étnicos y socioculturales quedaran ordenadas en menos de doscientos envases jurídico-territoriales que llamaron naciones. Se estableció que los habitantes de un cierto espacio debían pertenecer a una sola cultura homogénea y tener por lo tanto una única identidad distintiva y coherente. La cultura propia se formaría en relación con un territorio y se organizaría conceptual y prácticamente gracias a la formación de colecciones de objetos, textos y rituales, con los que se afirmarían y reproducirían los signos que distinguen a cada grupo.

---

[1] En estos primeros párrafos retomo, con ciertos cambios, la discusión teórica que intenté sobre estas cuestiones en *Culturas híbridas. Estrategias para entrar y salir de la modernidad*, cit.

Se estableció que tener una *identidad* equivalía a ser parte de una nación, una *entidad* espacialmente delimitada, donde todo lo compartido por quienes la habitaban —lengua, objetos, costumbres— los diferenciaría en forma nítida de los demás. Esos referentes identitarios, históricamente cambiantes, fueron embalsamados por el folclor en un estadio "tradicional" de su desarrollo y se les declaró esencias de la cultura nacional. Aún ahora son exhibidos en los museos, se les transmite en las escuelas y por los medios masivos de comunicación, se les afirma dogmáticamente en los discursos religiosos y políticos, y se les defiende, cuando tambalean, mediante el autoritarismo militar.

Este modelo fue tan persuasivo que logró estructurar amplias zonas de la cultura, el saber, el deporte y otras áreas, delimitándolas por unidades nacionales. Las historias del arte y la literatura, por ejemplo, han sido escritas como historias de las artes y las literaturas nacionales. Aun las vanguardias, que intentaron transgredir las convenciones socioculturales, son identificadas con ciertos países, como si los perfiles nacionales sirvieran para definir sus proyectos renovadores: por eso se habla del futurismo italiano, el constructivismo ruso y la nueva novela francesa.

Ya muchos estudios literarios exhibieron el carácter ficcional y arbitrario de las "soluciones" multiculturales ensayadas por esos nacionalismos. Daré sólo dos ejemplos. Josefina Ludmer mostró que el criollismo, al sacar de la ilegalidad la voz del gaucho y fundar un conjunto de marcas orales para la cultura y la política, también excluyó de esa definición de nacionalidad a los indios, negros e inmigrantes.[2] Antonio Cornejo Polar sostiene que cada definición del corpus legítimo de la literatura peruana, primero como literatura hispánica (Riva Agüero y Prado), luego como mestiza (Luis Alberto Sánchez y otros), a fin de armonizar en un sistema homogéneo, "suficientemente diferenciado como para merecer el calificativo de nacional", las vertientes contradictorias del Perú moderno, expulsó componentes importantes del proceso histórico.[3]

[2] Josefina Ludmer, *El género gauchesco. Un tratado sobre la patria*, Buenos Aires, Sudamericana, 1988.

[3] Antonio Cornejo Polar, "Literatura peruana: totalidad contradictoria", en *Revista de crítica literaria latinoamericana*, año IX, núm. 18, Lima, 1983, pp. 31-50.

Gran parte de la producción artística y literaria sigue haciéndose como expresión de tradiciones nacionales y circula sólo dentro del propio país. Las artes plásticas y la literatura permanecen como fuentes del imaginario nacionalista, escenarios de consagración y comunicación de los signos regionales de identidad. Pero un sector cada vez más extenso de la creación, la difusión y la recepción del arte se realiza hoy de un modo desterritorializado. Muchos escritores que la diplomacia cultural y el mercado promueven como "los grandes artistas nacionales", por ejemplo los del *boom*, manifiestan en sus obras un sentido cosmopolita, que contribuye a su resonancia internacional.

Me pregunto si en el desplazamiento de las monoidentidades nacionales a la multiculturalidad global, el fundamentalismo no intenta sobrevivir ahora como latinoamericanismo. Siguen existiendo, como dijimos, movimientos étnicos y nacionalistas en la política que pretenden justificarse con patrimonios nacionales y simbólicos supuestamente distintivos. Pero me parece que la operación que ha logrado más verosimilitud es el fundamentalismo macondista: congela lo "latinoamericano" como santuario de la naturaleza premoderna y sublima a este continente como el lugar en el que la violencia social es hechizada por los afectos. Reúne textos de países muy diversos, desde los de Carpentier hasta los de García Márquez, de los de Vargas Llosa a los de Isabel Allende y Laura Esquivel, y los encarrila en un solo paradigma de recepción, que es también un solo modo de situar la heterogeneidad de América Latina en la globalización cultural.[4]

La intermediación del mercado y de gran parte de la crítica, al dar "consistencia" a esta exaltación del irracionalismo como supues-

---

[4] Los riesgos de esta homogeneización de lo latinoamericano en las metrópolis son advertidos por analistas de la literatura y de las artes plásticas. Véanse la entrevista de Carlos Dámaso Martínez, "Jean Franco: el multiculturalismo y el poder del centro", en *Espacios*, núm. 12, Buenos Aires, junio-julio de 1993, pp. 37-40; el artículo de Mari Carmen Ramírez, "Imagen e identidad en el arte latino de Estados Unidos", en *La Jornada Semanal*, núm. 228, México, 24 de octubre de 1993, pp. 18-25; y de George Yúdice, "Globalización y nuevas formas de intermediación cultural", ponencia presentada al seminario *Identidades, políticas e integración regional*, Montevideo, 22-23 de julio de 1993.

ta esencia de lo latinoamericano, contribuyen hoy a que las fijaciones fundamentalistas de la identidad sigan oponiéndose a las lecturas constructivistas de la multiculturalidad e ignoren su carácter imaginado, polifónico e híbrido. Por eso, me parece una tarea clave de los estudios culturales entender cómo se las arreglan las industrias culturales y la masificación urbana para preservar culturas locales y a la vez fomentar la mayor apertura y transnacionalización de ellas que conoce la historia. Dicho de otro modo: cómo coexisten las ideologías que representan y solemnizan esos dos movimientos, o sea el fundamentalismo y el cosmopolitismo.

La identidad aparece, en la actual concepción de las ciencias sociales, no como una esencia intemporal sino como una construcción imaginaria. La globalización disminuye la importancia de los acontecimientos fundadores y los territorios que sostenían la ilusión de identidades ahistóricas y ensimismadas. Los referentes identitarios se forman ahora, más que en las artes, la literatura y el folclor, que durante siglos dieron los signos de distinción a las naciones, en relación con los repertorios textuales e iconográficos provistos por los medios electrónicos de comunicación y la globalización de la vida urbana. ¿Qué significan, dentro de este proceso, las construcciones imaginarias que lo contradicen?

El flâneur y el relato del consumo

Tal vez sea más fácil operar con la concepción constructiva de la multiculturalidad cuando estudiamos los procesos sociales científicamente. Al ver la frecuencia con que siguen apareciendo las interpretaciones fundamentalistas de esos procesos cuando se les narra, uno se pregunta si todo relato implica algún tipo de celebración acrítica. Voy a hacer una prueba a propósito de lo que sucede en un espacio particular: la megaciudad de México.

¿Cómo abarcar los sentidos dispersos de una gran urbe en los estudios culturales? Es, en parte, una dificultad narrativa. Así la entiende Wim Wenders cuando dice que los mapas le resultan inquietantes, sobre todo si se trata de un país o una ciudad donde nunca estuvo: considera todos los nombres y quisiera saber qué indica cada uno. "La observación de un mapa sólo se vuelve soportable si intento encontrar un camino, trazar un itinerario y de ese modo viajar por el país o la ciudad".[5] El urbanismo nos coloca problemas semejantes, anota Wenders, a los que tienen los constructores de relatos: se trata de describir caminos y orientaciones en un universo donde de lo contrario se podrían alcanzar miles de diferentes lugares sin llegar a ninguna parte.

Esa incertidumbre angustiosa ante lo múltiple desordenado se potencia en muchas ciudades latinoamericanas, crecidas sin plan y con vértigo. Recordemos dos datos señalados en el segundo capítulo. La ciudad de México, que tenía en 1940 un millón y medio de pobladores, en 1960 había subido a cinco millones y en 1990 alcanzó los quince millones de personas. La mancha urbana se derramó sobre un enorme territorio, en el que ya casi no existen ejes organizadores.

Es evidente que la ciudad actual no puede ser narrada, descrita, ni explicada como a principios de siglo. El sentido de vivir juntos en la capital se estructuraba en torno de marcas históricas compartidas y en un espacio abarcable —en los viajes cotidianos— por todos los que habitaban la ciudad. El patrimonio identificador de la ciudad de México podía ser expuesto como la representación realista de un territorio y una historia. En rigor, todo patrimonio y toda narración histórica o literaria es la metáfora de una alianza social: lo que cada grupo hegemónico establece como patrimonio nacional y relato legítimo de cada época es resultado de operaciones de selección, combinación y puesta en escena que cambian según los objetivos de las fuerzas que disputan la hegemonía y la renovación de sus pactos. Por supuesto, en todo tiempo se han dado políticas desiguales hacia los barrios "nobles" y los marginales, los bienes culturales distinguidos y los "vulgares". Pero esas diferencias en parte fueron subordinadas, desde la Revolución, a una experiencia de la unidad nacional,

[5] Wim Wenders, "Historias para soportar la vida", en *La Jornada Semanal*, México, 18 de enero de 1987, pp. 6-7.

de la mexicanidad, que la ciudad capital representaba de un modo más o menos coherente.

Las crónicas periodísticas de fines del siglo XIX y principios del XX configuraban el sentido de la vida urbana sumando al orgullo monumental los signos del desarrollo comercial moderno. La ciudad de México se articulaba mediante el tejido de la traza urbana, las marcas de los monumentos y las celebraciones históricas. A esa ritualidad trascendente, patriótica, se agregó otro modo —secular— de representar la ciudad: el paseo por ella y la crónica que lo registraba. Justo Sierra se preguntaba cómo podía traducirse en México la expresión *flâneur*, con que los franceses designan ese gusto por deambular por la ciudad. Julio Ramos ha visto que "flanear" los itinerarios urbanos es un modo de entretenimiento asociado a la mercantilización moderna y a su espectacularización en el consumo.

¿Qué es lo que se mira cuando se pasea por la ciudad moderna? Escribe Manuel Rivera: "Las calles de Platero encierran establecimientos con todo lo que puede satisfacer el más exigente capricho del gusto o de la moda: grandes aparadores con muestras, tras enormes cristales; multitud de damas elegantes recorren esas calles..."[6]

Ser *flâneur*, anota Ramos, no es sólo un modo de experimentar la ciudad. "Es, más bien, un modo de representarla, de mirarla y de contar lo visto. En la flanería el sujeto urbano, privatizado, se aproxima a la ciudad con la mirada de quien ve un objeto en exhibición. De ahí que la vitrina se convierta en un objeto emblemático para el cronista".[7]

El paseo es una operación de consumo simbólico que integra los fragmentos en que ya se despedazaba esta metrópoli moderna. Al narrativizar los segmentos urbanos en la crónica, se construye —mediante lo que Ramos llama "la retórica del paseo"— un orden de la ciudad. La crónica publicada en los periódicos es el medio de

---

[6] Manuel Rivera Cambas, *México pintoresco, artístico y monumental*, México, Editora Nacional, 1967, vol. I, p. 198.

[7] Julio Ramos, *Desencuentros de la modernidad en América Latina. Literatura y política en el siglo XIX*, México, FCE, 1989, p. 128.

comunicación propio de esta modernidad incipiente, donde se enlazan los sentidos parciales de las experiencias urbanas.

Esta tarea se prolonga hasta nuestros días. Desde Salvador Novo a Carlos Monsiváis, José Joaquín Blanco y Herman Bellinghausen se trata de organizar, a través de la crónica periodística, las discontinuidades de la vida urbana. Los cronistas actuales, sobre todo los posteriores a 1968, agregan al relato lúdico el registro de acontecimientos políticos y estudiantiles, de nuevos movimientos sociales, en los que buscan entender cómo se transforma la ciudad. Es significativo, por ejemplo, que Monsiváis haya publicado libros de crónicas más o menos frívolas, como *Escenas de pudor y liviandad*, y otros de relatos críticos sobre los movimientos urbanos, como *Entrada libre. Crónica de la sociedad que se organiza*. En su afán por seguir siendo testigos articuladores de las experiencias urbanas, los actuales cronistas dedican gran parte de su trabajo a las industrias culturales y a los nuevos modos de consumo.

¿Es posible abarcar conjuntamente los múltiples relatos que "organizan" la ciudad de la industrialización económica y comunicacional? Habría que resolver no sólo cómo articular las novelas, las crónicas periodísticas, los discursos políticos, las representaciones radiales y televisivas de la ciudad, sino lo que aún es más complejo: cómo conectar los múltiples relatos internos y externos que la atraviesan. Como tantas otras grandes ciudades, la de México contiene lenguas indígenas de casi todo el país, cuyos hablantes migraron hacia la capital: mixtecos venidos de Oaxaca, purépechas de Michoacán, nahuas de Guerrero y veinte etnias más. También el inglés, el francés y el alemán, el español con acento chileno, argentino y centroamericano. Además, la información y los mensajes publicitarios, las telenovelas y series policiacas de los circuitos transnacionales. La capital mexicana se reordena multiculturalmente como articuladora de dispositivos internacionales de gestión, innovación y comercialización: los relatos de la megaciudad se hacen también en los teléfonos y faxes, en la comunicación televisiva y financiera que la vincula con otros países.

La ciudad como videoclip

En México conviven casi todos los lugares de América Latina y muchos del mundo. Igual que ante el *Aleph* de Borges o ante un videoclip, nos preguntamos cómo realizar la enumeración, siquiera parcial, de ese conjunto infinito. Vivir en ese "instante gigantesco" que es cada instante en una ciudad así, asombra menos por "los millones de actos deleitables o atroces" que suceden que por "el hecho de que todos ocuparan el mismo punto, sin superposición y sin transparencia".

Se me ocurrió aplicar este relato borgeano a la ciudad de México al leer el libro de Edward W. Soja, *Postmodern Geographies*, quien lo usa para hablar de Los Ángeles. Como este autor, no veo más recurso para referirme al "pool of cultures" de la capital mexicana que acumular esta "sucesión de relámpagos fragmentarios, una asociación libre de notas reflexivas e interpretativas de campo", observaciones "contingentemente incompletas y ambiguas", al modo de las que Soja emplea, porque sabe que "cualquier descripción totalizante de LA-leph es imposible".[8]

Al fin de cuentas, dice Soja, las megaciudades como Los Ángeles —con su yuxtaposición de tiempos históricos, de lo que viene del este y del oeste, del norte y del sur— nos ponen a pensar si el sentido que hasta ahora buscábamos en una lógica temporal unificada no debe ser explorado en las relaciones simultáneas que se dan en un mismo espacio. Es lo que comenzó a ocurrir en algunos textos fundadores de la literatura urbana de América Latina: antes que en los de Borges, en los de Macedonio Fernández. Es aún más visible cuando en el Museo macedoniano de *La ciudad ausente* Ricardo Piglia exaspera la superposición de historias y la digresión como síntomas de la imposibilidad de juntar los infinitos relatos en una sola narración: "Contar con palabras perdidas la historia de todos".

[8] Edward W. Soja, *Postmodern Geographies. The Reassertion of Space in Critical Social Theory*, Londres-Nueva York, Verso, 1989, pp. 222-223.

Las grandes ciudades desgarradas por crecimientos erráticos y una multiculturalidad conflictiva son el escenario en que mejor se exhibe la declinación de los metarrelatos históricos, de las utopías que imaginaron un desarrollo humano ascendente y cohesionado a través del tiempo. Aun en las urbes cargadas con signos del pasado, como la capital mexicana, el agobio del presente y la perplejidad ante lo incontrolable del porvenir reducen las experiencias temporales y privilegian las conexiones simultáneas en el espacio. En los capítulos anteriores sugerimos que tal vez sea ésta una de las razones por la que los movimientos emancipadores basados en las grandes narraciones históricas (el proletariado, las naciones) pierden eficacia y en cambio ganan *rating* los movimientos sociales urbanos, las acciones fragmentarias y fugaces.

Describir y narrar esta megaciudad polifónica, demasiado elocuente, nos enfrenta con una ansiedad mayor que la de Wenders: ya no se trata de encontrar en el mapa un camino que supere esta sensación de que podríamos alcanzar miles de lugares sin llegar a ninguna parte. Lo que nos turba es que se están desvaneciendo los mapas que ordenaban los espacios y daban un sentido global a los comportamientos, a las travesías.

Por eso me parece ejemplar el relato de Borges al hablar del *Aleph*. Como ante él, la actual ciudad de México es imposible de abarcar en una descripción. Si uno la mira desde el interior, desde las prácticas cotidianas, ve sólo fragmentos, inmediaciones, sitios fijados por una percepción miope del todo. Desde lejos, parece una masa confusa a la que es difícil aplicar los modelos fabricados por las teorías del orden urbano. No hay un foco organizador porque la ciudad de México, tal como escribía el autor de *Ficciones*, "está en todas partes y no está plenamente en ninguna".

Narrar es saber que ya no es posible la experiencia del orden que esperaba establecer el *flâneur* al pasear por la urbe a principios de siglo. Ahora la ciudad es como un videoclip: montaje efervescente de imágenes discontinuas. Ya no podemos recorrer los veinte kilómetros hasta el centro como cuando íbamos en el autobús y un relato de Carlos Fuentes o el *Kalimán* lo volvían pacífica sala de lectura. Todavía algunos insistimos en espiar las noticias del periódico o la fotonovela, pero pronto las frenadas constantes del autobús o los apretujones del metro nos hacen desistir.

Por eso tres millones de automovilistas preferimos subir al coche, arriesgarnos a los embotellamientos y ver si podemos encontrar en él un refugio momentáneo. Ni bien entro al Periférico, el tránsito parece ajustarse a las cuerdas del concierto de Telemann que me acompaña, los Dodge y Chevrolet que cambian de carril para rebasarme son la irrupción de las trompetas y los saxos, el Mercedes que ahora nos pasa a todos entra como un oboe, suave, casi imperceptible. Justo cuando comienza el segundo movimiento, siempre adagio o andante en los barrocos, el tránsito se hace más lento porque nos acercamos al trébol donde se suman los que llegan del Viaducto. Es un movimiento de muchos cambios, de tercera a segunda, de las cuerdas al piano, a las cuerdas, mientras los coches se van deteniendo y el tránsito somnoliento impide llegar, juntos, al allegro final.

Los coches se detienen. Cambio de estación. Busco ese otro barroco contemporáneo, el vértigo del rock, que no pretende conducir a ninguna parte: sintoniza mejor con las vías rápidas que se embotellan y el furor de los cláxones, con los autos trabados por manifestaciones de protesta, con el desorden de los cruces sin semáforos por el corte de luz. *"Difícil es caminar/ en un extraño lugar/ en donde el hambre se ve/ como un gran circo en acción"*... *"Gran circo en esta ciudad/ un alto, un siga, un alto"* canta el grupo *Maldita Vecindad.*

Como en los videoclips, andar por la ciudad es mezclar músicas y relatos diversos en la intimidad del auto y con los ruidos externos. Seguir la alternancia de iglesias del siglo XVII con edificios del XIX y de todas las décadas del XX, interrumpida por gigantescos carteles publicitarios donde se aglomeran los cuerpos fingidos de las modelos, los modelos de nuevos coches y las computadoras recién importadas. Todo es denso y fragmentario. Como en los videos, se ha hecho la ciudad saqueando imágenes de todas partes, en cualquier orden. Para ser un buen lector de la vida urbana hay que plegarse al ritmo y gozar las visiones efímeras.

Termino preguntándome si podremos contar de nuevo la ciudad. ¿Puede haber historias en nuestras urbes dominadas por la desconexión, la atomización y la insignificancia? Ya no cabe imaginar un relato organizado desde un centro, ni histórico ni moderno, desde el cual se trazaría el único mapa de una ciudad compacta que dejó de existir. A esta altura sólo vislumbramos reinvenciones fragmentarias de barrios o zonas, superaciones puntuales del anonimato y el desorden mediante la valoración de signos de pertenencia y espacios múltiples de participación. Quizá los únicos relatos totalizadores de la ciudad de México que lograron cierta verosimilitud en los últimos años hayan sido los realizados por cronistas como Carlos Monsiváis y Elena Poniatowska al describir la participación solidaria luego de los sismos de 1985 y a propósito de dramas políticos o ecológicos: ante el caos citadino, se busca restaurar cierta unificación nacional. Algo semejante ocurre con la radio y la televisión como narradores urbanos. Parece que estos medios sólo pueden superar la simultaneidad y la dispersión del videoclip, la obsolescencia diaria de las anécdotas informativas, cuando el dolor y el desorden de acontecimientos excepcionales incita a "recuperar" un cierto espesor histórico y el significado de vivir juntos en una ciudad o una nación.

Monsiváis exaspera esta dificultad de narrar la megaciudad caótica al decir que ya sólo se "dispone en rigor de una leyenda en ejercicio: el milagro de su perdurabilidad y sobrevivencia. ¿Cómo no admirar la coexistencia de millones de personas en medio de los desastres en el suministro de agua, en la vivienda, en el transporte, en las opciones de trabajo, en la seguridad pública?"[9]

Como gente a la vez moderna y posmoderna, oscilamos entre dos posiciones, que coexisten en el texto paradójico de Wim Wenders que antes cité: "Rechazo totalmente las historias, pues para mí engendran únicamente mentiras, y la más grande mentira consiste en que aquéllas producen un nexo donde no existe nexo alguno.

---

[9] "Nueva guía de pecadores y anexas", texto de presentación del libro *Guía del pleno disfrute de la ciudad de México*, en *La Jornada*, 18 de diciembre de 1994, p. 27.

Empero, por otra parte, necesitamos de esas mentiras, al extremo de que carece totalmente de sentido organizar una serie de imágenes sin mentira, sin la mentira de una historia".

Leo a Wenders como si él estuviera hablando de los mitos que han pretendido ordenar la historia multicultural de México con el fin de recrear el sentido y la solidaridad en medio de las transformaciones de la vida urbana. "En tanto que los hombres producen nexos y concatenaciones, las historias hacen la vida soportable y son un auxilio contra el terror".

Segunda parte

Suburbios posnacionales

5. Las identidades como espectáculo
multimedia

La identidad es una construcción que se relata. Se establecen acontecimientos fundadores, casi siempre referidos a la apropiación de un territorio por un pueblo o a la independencia lograda enfrentando a los extraños. Se van sumando las hazañas en las que los habitantes defienden ese territorio, ordenan sus conflictos y fijan los modos legítimos de vivir en él para diferenciarse de los otros. Los libros escolares y los museos, los rituales cívicos y los discursos políticos, fueron durante mucho tiempo los dispositivos con que se formuló la Identidad (así, con mayúscula) de cada nación y se consagró su retórica narrativa.

La radio y el cine contribuyeron en la primera mitad de este siglo a organizar los relatos de la identidad y el sentido ciudadano en las sociedades nacionales. Agregaron a las epopeyas de los héroes y los grandes acontecimientos colectivos, la crónica de las peripecias cotidianas: los hábitos y los gustos comunes, los modos de hablar y vestir, que diferenciaban a unos pueblos de otros. La comunicación por radio ayudó a que grupos de diversas regiones de un mismo país, antes lejanos y desconectados, se reconocieran como parte de una totalidad.[1] Los noticieros que comenzaron a vincular zonas distantes, así como las películas que enseñaban a las masas migrantes la manera de vivir

---

[1] Jesús Martín Barbero, *De los medios a las mediaciones*, cit.

en la ciudad y trataban los conflictos interculturales, proponían nuevas síntesis posibles de la identidad nacional en transformación.

El cine mexicano y el argentino, que en los años cuarenta y cincuenta situaron los relatos de la identidad en una cultura visual de masas, renovaron su función en la década de los sesenta cuando, aliados a la incipiente televisión, estructuraron el imaginario de la modernización desarrollista. Los medios masivos fueron agentes de las innovaciones tecnológicas, nos sensibilizaron para usar aparatos electrónicos en la vida doméstica, y liberalizaron las costumbres con un horizonte más cosmopolita; pero a la vez unificaron los patrones de consumo con una visión nacional. Como los medios eran predominantemente de capitales nacionales y se adherían a la ideología desarrollista, que confiaba la modernización a la sustitución de importaciones y al fortalecimiento industrial de cada país, aun los agentes más internacionalizados en ese momento —como la TV y la publicidad— nos impulsaban a comprar productos nacionales y difundían el conocimiento de lo propio.

Todo esto se fue desvaneciendo en los años ochenta. La apertura de la economía de cada país a los mercados globales y a procesos de integración regional fue reduciendo el papel de las culturas nacionales. La transnacionalización de las tecnologías y de la comercialización de bienes culturales disminuyó la importancia de los referentes tradicionales de identidad. En las redes globalizadas de producción y circulación simbólica se establecen las tendencias y los estilos de las artes, las líneas editoriales, la publicidad y la moda.

Una antropología de las citas transculturales

¿Dónde reside la identidad, con qué medios se le produce y renueva a fines del siglo XX? Para responder a esta pregunta vamos a confrontar la manera en que definió la identidad la antropología clásica con las condiciones en que se constituye en nuestros días.

Si la antropología, la ciencia social que más estudió la formación de identidades, encuentra hoy difícil ocuparse de la transnacionalización y la globalización, es por el hábito de considerar a los miembros de una sociedad como pertenecientes a una sola cultura homogénea y teniendo por lo tanto una única identidad distintiva y coherente. Esa visión singular y unificada, que consagraron tanto las etnografías clásicas como muchos museos nacionales organizados por antropólogos, es poco capaz de captar situaciones de interculturalidad.

Las teorías del "contacto cultural" han estudiado casi siempre los contrastes entre los grupos sólo por lo que los diferencia. El problema reside en que la mayor parte de las situaciones de interculturalidad se configura hoy no sólo por las *diferencias* entre culturas desarrolladas separadamente sino por las maneras *desiguales* en que los grupos se apropian de elementos de varias sociedades, los combinan y transforman. Cuando la circulación cada vez más libre y frecuente de personas, capitales y mensajes nos relaciona cotidianamente con muchas culturas, nuestra identidad no puede definirse ya por la pertenencia exclusiva a una comunidad nacional. El objeto de estudio no debe ser entonces sólo la diferencia, sino también la hibridación.

En esta perspectiva, las naciones se convierten en escenarios multideterminados, donde diversos sistemas culturales se intersectan e interpenetran. Sólo una ciencia social para la que se vuelvan visibles la heterogeneidad, la coexistencia de varios códigos simbólicos en un mismo grupo y hasta en un solo sujeto, así como los préstamos y transacciones interculturales, será capaz de decir algo significativo sobre los procesos identitarios en esta época de globalización. Hoy la identidad, aún en amplios sectores populares, es políglota, multiétnica, migrante, hecha con elementos cruzados de varias culturas.

Se nos plantea, entonces, un doble desafío: entender simultáneamente las formaciones posnacionales y la remodelación de las culturas nacionales que subsisten. Gran parte de la producción artística actual sigue haciéndose como expresión de tradiciones iconográficas nacionales y circula sólo dentro del propio país. En este sentido, las artes plásticas, la literatura, la radio y el cine permanecen como fuentes del imaginario nacionalista, escenarios de consagración y comunicación de los signos de identidad regionales. Pero un sector cada vez más extenso de la creación, la difusión y la recepción del arte se realiza ahora de un modo desterritorializado. Así como decíamos de los escritores del *boom* en el capítulo anterior, los grandes pintores nacionales, por ejemplo Tamayo o Botero, han conseguido resonancia internacional abriendo la iconografía local a las vanguardias internacionales. Aun quienes eligen ser voceros de patrias más estrechas —Río de Janeiro o el Bronx, los mitos zapotecos o la frontera chicana— logran ser significativos en el mercado y en las exposiciones de arte americano de las metrópolis en tanto su obra es una "cita transcultural".[2]

No es extraño que las exhibiciones internacionales subsuman las particularidades de cada país en redes conceptuales transnacionales. Las muestras "París-Berlín" y "París-New York", presentadas en el Centro Georges Pompidou, propusieron mirar la historia del arte contemporáneo no recortando patrimonios nacionales sino distinguiendo ejes que atraviesan las fronteras. Pero es sobre todo el mercado del arte el que subordina las connotaciones locales de las obras, convirtiéndolas en secundarias referencias folclóricas de un discurso internacional homogeneizado. Las galerías líderes, con sedes en Nueva York, Londres, Milán y Tokio, hacen circular en forma desterritorializada las obras y propician que los artistas se adapten a públicos "globales". Las ferias y las bienales también contribuyen a este juego multicultural, como se vio en la Bienal de Venecia de 1993, donde la mayoría de los 56 países representados no tenía pabellón propio: casi todos los latinoamericanos (Bolivia, Chile, Colombia, Costa Rica, Cuba, Ecuador, El Salvador, México, Panamá, Paraguay y Perú) expusieron en la sección italiana, pero eso importaba poco en una muestra dedicada, bajo el título "Puntos cardinales del arte", a exhibir que éste se constituye hoy mediante "el nomadismo cultural".[3]

[2] Tomo la expresión del volumen *Art from Latin America: La cita transcultural*, que acompañó la exhibición del mismo título realizada, con la curaduría de Nelly Richard, en el Museo de Arte Contemporáneo de Sidney, del 10 de marzo al 13 de junio de 1993.

[3] La fórmula pertenece al curador de la Bienal, Achile Bonito Oliva. Citado por Lelia Driben, "La XLV Bienal de Venecia, los puntos cardinales del arte nómada de 56 países", en *La Jornada*, México, 23 de agosto de 1993, p. 23.

Lo regional y lo global

Así como en otro tiempo las identidades eran objeto de puesta en escena en museos nacionales, en la segunda mitad de nuestro siglo la transnacionalización económica, y el mismo carácter de las últimas tecnologías comunicacionales (desde la televisión hasta los satélites y las redes ópticas), colocan en el lugar protagónico a las culturas-mundo exhibidas como espectáculo multimedia. Pensemos en que ya ningún cine "nacional" puede recuperar la inversión de una película sólo a través de los circuitos de salas de su propio país. Debe encarar múltiples canales de venta: la televisión aérea y por cable, las redes de video y los discos láser. Todos estos sistemas, estructurados transnacionalmente, fomentan que los mensajes que circulan por ellos se "desfolcloricen".

Ante las dificultades de subsistencia del cine ha surgido la tendencia a acentuar esta transnacionalización eliminando los aspectos nacionales y regionales. Se promueve un "cine-mundo" que busca usar la tecnología visual más sofisticada y las estrategias de *marketing* para lograr insertarse en un mercado de escala mundial. Coppola, Spielberg y Lucas, por ejemplo, construyen narraciones espectaculares a partir de mitos inteligibles para todos los espectadores, con independencia de su cultura, nivel educativo, historia nacional, desarrollo económico o régimen político: parques jurásicos, Frankensteins y Batmans. El cine-mundo, dice Charles-Albert Michelet, "está más cerca de Claude Lévi-Strauss que de John Ford".[4] Se trata de fabricar un espectáculo tan deslumbrante que persuada a los telespectadores de que una o dos veces al año vale la pena dejar el sofá hogareño para ocupar ese otro, menos confortable, de la sala oscura.

Y al mismo tiempo, las culturas regionales persisten. Aun el cine global de Hollywood deja cierto lugar a películas latinoamericanas, europeas y asiáticas que, por su manera de representar problemáticas locales, captan el interés de múltiples públicos. Pienso cómo el cine

---

[4] Charles-Albert Michelet, "Reflexion sur le drôle de drame du cinéma mondial", en *CinémAction*, 1988, pp. 156-161.

brasileño de los setenta y la primera mitad de los ochenta, gracias a que combina testimonios sobre la identidad y la internacionalización cultural de ese país con un tratamiento imaginativo y paródico, amplió su repercusión masiva dentro y fuera de Brasil: desde *Macunaíma* a *Doña Flor y sus dos maridos* o *Xica da Silva*. Se podría hablar de las relecturas entre policiacas y políticas de la historia argentina hechas por Adolfo Aristiráin; en las narraciones de la historia desde la intimidad cotidiana propuestas en México por *Rojo amanecer* y *Como agua para chocolate*. Esta última película, que superó en pocos meses el millón y medio de espectadores, sólo en su país, no es quizá más que una telenovela mejor filmada que las habituales; pero de algún modo su éxito se relaciona con otras cintas mexicanas menos convencionales —*La tarea*, *La mujer de Benjamín*, *El bulto*— que retrabajan con ironía e irreverencia, sin nostalgia complaciente, la crisis de la identidad familiar y de los proyectos políticos nacionales.

Tales películas revelan que la identidad y la historia —incluso las identidades locales o nacionales— aún caben en las industrias culturales con exigencias de alto rendimiento financiero. Simultáneamente con la desterritorialización de las artes hay fuertes movimientos de reterritorialización, representados por movimientos sociales que afirman lo local y también por procesos massmediáticos: radios y televisiones regionales, creación de micromercados de músicas y bienes folclóricos, la "desmasificación" y "mestización" de los consumos para engendrar diferencias y formas de arraigo locales.

También quienes estudian la ideología de los administradores globales concluyen que la globalización empresarial, junto con sus necesidades homogeneizadoras para maximizar las ganancias, debe reconocer diferencias locales y regionales. ¿Qué descubre un antropólogo cuando se pone a leer la *Harvard Business Review* y *The Journal of Consumer Marketing*? Renato Ortiz, que realiza esta tarea en su último libro, encuentra que los intelectuales de la globalización empresarial propician la universalización extremando las potencialidades coincidentes del pensamiento y el gusto en todas las sociedades: de otro modo, no hubiera sido posible la generalización mundial de las computadoras y las tarjetas de crédito, las ropas Benetton y las muñecas Barbie. Pero luego de una etapa en la que esa homogeneización se vio como antinómica de lo local, comenzaron a concebirse como complementarias la universalización y las particularidades regionales: "La Coca-Cola sólo sacó provecho del mercado español cuando redujo el tamaño de sus botellas ajustándolas a los refrigeradores existentes en el país; una campaña publicitaria desarrollada en Alemania, con ídolos del basquetbol estadunidense, tuvo poca repercusión porque los deportistas eran desconocidos por los europeos; los jeans en Brasil son más apretados para realzar las curvas femeninas; los japoneses saben que los europeos tienden a adquirir aparatos estereofónicos pequeños, de alto desempeño, pero que pueden ser escondidos en un armario, mientras los estadunidenses prefieren grandes altoparlantes". Al comprobar que la multiculturalidad no desaparece ni en las más pragmáticas estrategias empresariales, Ortiz anota que la oposición "homogéneo/heterogéneo" pierde importancia; es necesario entonces entender cómo segmentos mundializados —por ejemplo, los jóvenes, los viejos, los gordos, los desencantados— comparten hábitos y gustos convergentes. "El mundo es un mercado diferenciado constituido por capas afines. No se trata, pues, de producir o vender artefactos para 'todos' sino promoverlos globalmente entre grupos específicos." Por eso, este autor sugiere abandonar el término homogeneización y hablar de "nivelación cultural" para "aprehender el proceso de convergencia de hábitos culturales, pero preservando las diferencias entre los niveles de vida".[5]

Las naciones y las etnias siguen existiendo. Están dejando de ser para las mayorías las principales productoras de cohesión social. Pero el problema no parece ser el riesgo de que las arrase la globalización, sino entender cómo se reconstruyen las identidades étnicas, regionales y nacionales en procesos globalizados de segmentación e hibridación intercultural. Si concebimos las naciones

---

[5] Renato Ortiz, *Mundializaçao e cultura, cit.*, cap. V. Véanse también de Armand Mattelart, *La communication-monde*, París, La Découverte, 1992; Stuart Hall, "The Local and the Global: Globalization and Ethnicity", en Anthony D. King (ed.), *Culture, Globalization and the World System*, Nueva York, State University of the New York at Bringhamton, 1991.

como escenarios relativos, en los que se cruzan otras matrices simbólicas, la pregunta es qué tipos de literatura, de cine y de televisión pueden narrar la heterogeneidad y la coexistencia de varios códigos en un mismo grupo y hasta en un mismo sujeto.

En los medios: la identidad como coproducción

La reflexión actual sobre la identidad y la ciudadanía se va situando en relación con varios soportes culturales, no sólo en el folclor o la discursividad política, como ocurrió en los nacionalismos del siglo XIX y principios del XX. Debe tomar en cuenta la diversidad de repertorios artísticos y medios comunicacionales que contribuyen a reelaborar las identidades. Por lo mismo, su estudio no puede ser tarea de una sola disciplina (la antropología o la sociología política), sino de un trabajo transdisciplinario, en el que intervengan los especialistas en comunicación, los semiólogos y urbanistas.

Multimedios y multicontextualidad: son las dos nociones clave para redefinir el papel del cine, de otros sistemas de comunicación y de la cultura en general. Así como la posibilidad de que el cine reviva depende de que se reubique en un espacio audiovisual multimedia (con la televisión y el video), las identidades nacionales y locales pueden persistir en la medida en que las resituemos en una comunicación multicontextual. La identidad, dinamizada por este proceso, no será sólo una narración ritualizada, la repetición monótona pretendida por los fundamentalismos. Al ser un relato que reconstruimos incesantemente, que reconstruimos con los otros, la identidad es también una coproducción.

Pero esta coproducción se realiza en condiciones desiguales entre los variados actores y poderes que intervienen en ella. Los procesos de globalización cultural e integración económica regional muestran la necesidad de las economías y las culturas nacionales de ablandar las aduanas que las separan, y, al mismo tiempo, que la asimetría desde la cual se establecen los acuerdos puede acentuarse por la liberación comercial. Una teoría de las identidades y la ciudadanía debe tomar en cuenta los modos diversos en que éstas se recomponen en los desiguales circuitos de producción, comunicación y apropiación de la cultura.

En el espacio de la *cultura histórico-territorial*, o sea el conjunto de saberes, hábitos y experiencias étnicas o regionales que siguen reproduciéndose con los perfiles establecidos a través de siglos, los efectos de la globalización son menores. El patrimonio histórico, la producción artística y folclórica, y en algunas zonas la cultura campesina, experimentan una apertura económica limitada porque en ellas el rendimiento de las inversiones es menor y la inercia simbólica más prolongada.

En un segundo circuito, el de los *medios masivos* dedicados a la difusión de mensajes recreativos e información para las mayorías (radio, televisión, video), algunos países periféricos, como Brasil y México, disponen de recursos tecnológicos, económicos y humanos para seguir generando con cierta autonomía su producción nacional y aun expandirse internacionalmente. Pero en la mayoría de las sociedades latinoamericanas la dependencia se acentúa, no tanto respecto de la cultura global sino de la producción norteamericana.

El desdibujamiento de las identidades nacionales y regionales es mayor en el tercer circuito: el de la computación, los satélites, las redes ópticas y las demás *tecnologías de información* vinculadas a la toma de decisiones, así como a los entretenimientos de más expansión y ganancias (video, videojuegos, etc.). Apenas comienzan a estudiarse los efectos de esta globalización tecnológica y económica sobre la reformulación de las identidades en el trabajo y en el consumo. Los actuales discursos sobre productividad competitiva, los rituales de integración entre obreros y empresas, la subordinación de la iconografía de los entretenimientos a códigos deslocalizados son algunos de los procesos en los que las identidades locales están siendo remodeladas desde matrices globales. Muchos hábitos y creencias tradicionales subsisten en estos espacios y dan estilos diferenciales en cada país aun a la producción y el consumo más tecnologizados. Pero es evidente que al trabajar bajo una lógica competitiva mundial, al ver televisión e informarnos electrónicamente, usar sistemas de cómputo en muchas prácticas cotidianas, las identidades basadas en tradiciones locales son reformuladas con criterios de "ingeniería cultural".[6]

Estudiar cómo se están produciendo las relaciones de continuidad, ruptura e hibridación entre sistemas locales y globales, tradicionales y ultramodernos, de desarrollo cultural es hoy uno de los mayores desafíos para repensar la identidad y la ciudadanía. No sólo hay coproducción, sino conflictos por la coexistencia de etnias y nacionalidades en los escenarios laborales y de consumo, por lo cual siguen siendo útiles las categorías de *hegemonía* y *resistencia*. Pero la complejidad y los matices de estas interacciones requieren también estudiar las identidades como procesos de *negociación*, en tanto son *híbridas, dúctiles* y *multiculturales*.

Al tener en cuenta los conflictos sociales que acompañan la globalización y los cambios multiculturales, es claro que lo que ocurre con las industrias es bastante más que lo que vemos en los espectáculos de los medios. Parece necesario, entonces, precisar nuestra afirmación del comienzo: la identidad es una construcción, pero el relato artístico, folclórico y comunicacional que la constituye se realiza y se transforma en relación con condiciones sociohistóricas no reductibles a la puesta en escena. La identidad es teatro y es política, es actuación y acción.

[6] Gideón Kunda, *Engineering Culture. Control and Commitment in a Hig-Tech Corporation*, Filadelfia, Temple University Press, 1992. Retomo aquí líneas de investigación que comienzan a desarrollarse en la antropología industrial en México, especialmente en el ámbito de las maquiladoras. Véase de Luis Reygadas, *Estructuración de la cultura del trabajo en las maquiladoras*, proyecto presentado al Doctorado en Antropología de la Universidad Autónoma Metropolitana-Iztapalapa, 1993.

6. América Latina y Europa como suburbios de Hollywood*

Diciembre de 1993, en Bruselas: las divergencias sobre política cultural se volvieron por primera vez un asunto de primera importancia en un debate económico internacional. La reunión del Acuerdo General sobre Tarifas Arancelarias y Comercio (GATT), en la que 117 países aprobaron la mayor liberalización comercial de la historia, estuvo al borde de fracasar por los desacuerdos en tres áreas: agrícola, textil y audiovisual. Los conflictos en las dos primeras se resolvieron mediante concesiones mutuas entre los Estados Unidos y los gobiernos europeos. Analizar cuáles fueron las discrepancias que obligaron a dejar fuera de los acuerdos al cine y la televisión me parece del mayor interés para comprender las nuevas disyuntivas que confrontan las políticas culturales nacionales en tiempos de globalización y las posibilidades de ejercer, desde la cultura, formas eficaces de ciudadanía.

Estrategias económicas y culturales en conflicto

Los Estados Unidos exigieron libre circulación para los productos audiovisuales, mientras los europeos buscaron proteger sus medios

* Este trabajo es una reelaboración del presentado en el Foro *Visión Iberoamericana 2000*, realizado por la UNESCO en Cartagena de Indias, Colombia, del 16 al 18 de marzo de 1994.

de comunicación, sobre todo el cine. Las divergencias derivan de dos maneras de concebir la cultura. Para EU los entretenimientos deben ser tratados como un negocio: no sólo porque lo son, sino porque constituyen para ese país la segunda fuente de ingresos entre todas sus exportaciones, luego de la industria aeroespacial. En 1992, las productoras norteamericanas enviaron a Europa programas de entretenimiento y películas por un valor superior a los 4 mil 600 millones de dólares.[1] En el mismo periodo, los europeos exportaron a EU 250 millones de dólares.[2]

Esta asimetría se manifiesta en la programación de los cines y la televisión de Europa. Las distribuidoras norteamericanas manejaron 80% del mercado cinematográfico francés y 91% del español en 1993. La pérdida consecuente del tiempo de pantalla para las películas de esos países generó explosiones de los artistas y los productores locales: las reacciones más irritadas ocurrieron cuando *Jurassic Park* se estrenó simultáneamente en España en 180 salas y en Francia en 400.

América Latina tampoco está mal situada en la competencia de las naciones que compran más entretenimiento a Estados Unidos. Las cifras "mejoraron" en los últimos años porque ya recibimos no sólo películas para cine y programas televisivos, sino videos con filmes, juegos y otros entretenimientos. México, por ejemplo, que apenas ocupaba en 1990 el 16º lugar entre los importadores de películas norteamericanas, ascendió en 1993 al 10º puesto, a nivel mundial, con una inversión de 36.9 millones de dólares.[3]

En los debates motivados por las negociaciones del GATT, las asociaciones de trabajadores del cine europeo defendieron su empleo, pero también argumentaron que las películas no eran únicamente un bien comercial. Constituyen un instrumento poderoso de

---

[1] "Un negocio de más de 500 000 millones de pesetas", en *El País*, Madrid, 11 de diciembre de 1993, p. 35.

[2] "Entrevista a Edouard Balladur, primer ministro francés. ¿Qué es lo que quiere EU... la desaparición del cine europeo?", en *El Nacional*, México, 23 de octubre de 1993, p. 27.

[3] *Variety*, 28 de junio de 1993. Citado por Déborah Holtz, "Los públicos de video", en Néstor García Canclini (coord.), *Los nuevos espectadores. Cine, televisión y video en México, cit.*

registro y autoafirmación de la lengua y la cultura propias, de su difusión más allá de las fronteras. Hicieron notar la contradicción de que los Estados Unidos reclamen libre circulación de sus mensajes en los países ajenos, mientras en el suyo el acta 301 de la Ley de Comercio permite imponer restricciones a los productos culturales extranjeros. Las radios y televisiones norteamericanas no sólo dan casi enteramente su espacio a lo hecho en EU, sino que descalifican lo importado a través de anuncios: "¿Por qué compras música que no comprendes?" Varios especialistas se preguntan cuál es la ventaja de que Europa abra sin restricción sus telecomunicaciones a dos países —Estados Unidos y Japón— que las han desregulado cerrando sus mercados a los mensajes europeos.[4]

Hasta hace pocos años, para sostener a cada cinematografía nacional, se le asignaba una cuota mínima de pantalla (en varios países latinoamericanos era de un 50%). Así se intentaba limitar la expansión norteamericana. Sabemos que la asistencia a las salas está cayendo en todo el mundo por causas más complejas. En Francia, donde en 1957 se vendieron 411 millones de entradas, en 1990 no hubo más que 121.1 millones de espectadores.[5] Los cines latinoamericanos cerraron masivamente sus puertas en la década del ochenta al descender la asistencia, en promedio, 50%. Los de México, que en 1984 tenían 410 millones de visitantes, recibieron en 1991 sólo 170 millones.[6] En rigor, este derrumbe de las salas no implica que el cine desaparezca, sino que la televisión y el video están trasladando a la casa el lugar de acceso a las películas.[7] Si las empresas norteamericanas aprovechan mejor estos cambios tecnológicos y de hábitos culturales es porque se adaptan más rápido que las de otros países, los impulsan con entusiasmo y logran controlar en casi todo el mundo tanto la TV y el video como lo que queda de los circuitos de salas.

---

[4] Pierre Musso, "Audiovisuel et télécommunications en Europe: quelle recompositions?", en *Quaderni. La revue de la communication*, núm. 19, París, invierno de 1993, p. 13.

[5] Joelle Farchy, *Le cinéma dechainé. Mutation d'une industrie*, París, Presses du CNRS, 1992, pp. 37-38.

[6] Datos proporcionados por el Instituto Mexicano de Cinematografía.

[7] Analizo este desplazamiento de los públicos en el próximo capítulo.

¿Qué pueden hacer los productores, cineastas y distribuidores que no son estadunidenses? No reaccionan igual en todos los países, ni en todos los sectores. Como se vio en el reciente debate del GATT, los ingleses y alemanes se desentienden de "lo que pase con la industria de la imagen: ellos hace ya años que renunciaron a tener una cultura propia en ese sector".[8] Francia, España e Italia tratan de mantener cuotas para el cine nacional y el europeo, buscan mejorar la producción y establecen nuevas subvenciones para apoyar las películas propias —lo que EU critica como "competencia desleal".

Aun en los países latinos de Europa que defienden "la excepción cultural" en el libre comercio, hay quienes conciben al cine y la televisión como simples mercados, donde la libre competencia debiera dejar que los espectadores decidan qué vale la pena exhibir y qué no. "Se merecen esta agonía", afirmaba un comentarista radial, con el argumento de que el 90% del cine español es malo. "Pero ¿por qué ensañarse con el cine?", le replicó en un artículo Eduardo Haro Tecglen: "¿Qué porcentaje hay en la literatura escrita, en el teatro, en la pintura, en la carpintería, la fontanería, el sacerdocio o la calidad de las personas?" Uno de los impulsos fértiles del debate es que ha llevado a profundizar la autocrítica sobre el cine español, sobre la propia sociedad y sobre los criterios democráticos de valoración. Considerar la masividad de la audiencia como único índice de calidad, dice Haro Tecglen, es como guiarse sólo por los resultados electorales para opinar sobre el gobierno. "Así está saliendo. Puede que el porcentaje del cine americano malo sea un poco inferior: el 80%; quizá en razón de que se ha llevado a los mejores creadores del mundo, tiene una potencia económica alta y, en fin, se ha quedado con nosotros".[9] En suma, la crisis del cine no puede verse ya como cuestión interna de cada país, ni aislada de la reorganización transnacional de los mercados sim-

---

[8] *El País*, 11 de diciembre de 1993, p. 35.
[9] Eduardo Haro Tecglen, "Cine agónico", en *El País*, Madrid, 11 de diciembre de 1993, p. 57.

bólicos. Es parte del debate sobre las tensiones entre libertad de mercados, calidad cultural y modos de vida propios.

Si uno piensa cómo se están tratando tales tensiones en América Latina, la discusión europea reciente puede ser enriquecedora. También en Europa la reforma neoliberal del Estado llevó a privatizar radios, canales de televisión y gran parte de los circuitos de informática y telemática. En algunos países, el poder público redujo su acción cultural a la protección del patrimonio histórico (museos, sitios arqueológicos, etc.) y a la promoción de artes tradicionales (plástica, música, teatro, literatura): dado que estas áreas de la cultura están perdiendo público, tienen serias dificultades para sobrevivir si los gobiernos no les brindan respiración artificial. Los medios de comunicación e información vinculados a las nuevas tecnologías, los que requieren mayores inversiones pero alcanzan a vastas audiencias, fueron cedidos a empresas privadas, en muchos casos norteamericanas y japonesas.

Pero ahora se ve que la redefinición de las identidades nacionales no la hacen sólo el cine, la televisión y el video, sino el conjunto de las "autopistas de la comunicación". La transmisión por satélite y las redes de cable óptico transforman la comunicación científica (correo electrónico, telemedicina), la ofimática (informática en las oficinas), los servicios bancarios e interempresariales, y, por supuesto, la distribución de espectáculos culturales. Desde Estados Unidos, la empresa Turner programa la circulación de películas, caricaturas y noticias en muchos países latinoamericanos y ahora comienza a hacerlo en algunos europeos, como Francia. En pocos años las películas estadunidenses llegarán por satélite a las salas de exhibición de centenares de ciudades en todos los continentes, sin las complicaciones aduanales de los filmes enlatados y los videos. También se generaliza el acceso desde la televisión y la computadora hogareña a los videojuegos, las telecompras, la información nacional e internacional. Los europeos se preguntan quiénes van a manejar estas redes: la producción audiovisual de información y entretenimiento está mayoritariamente en manos estadunidenses, mientras el 70% de las ventas mundiales de aparatos electrónicos para el gran público es controlado por firmas japonesas. Europa está casi tan mal preparada como América Latina para enfrentar la reorganización massmediática de la cultura. A su baja producción e innovación tecnológica en esta área (con excepciones como Phillips), se agrega que el cable está difundido sólo en algunas naciones pequeñas —Bélgica, Suiza, Irlanda, Holanda y los países escandinavos— pero es casi inexistente en Francia, España, Portugal y Grecia, que prefieren las ondas hertzianas.[10]

La fragilidad europea ante las recientes negociaciones del GATT movilizó a cineastas líderes (Pedro Almodóvar, Wim Wenders, Bernardo Bertolucci), a asociaciones de actores y directores de cine y televisión, a empresarios y políticos. Las opciones próximas de la comunicación audiovisual vuelven urgente que las políticas culturales reformulen sus concepciones para interrogarse sobre lo que significa el interés público en las nuevas interacciones entre culturas locales y globalización. Algunos directores de cine y escritores que participan en el debate han demostrado en sus obras ser muy sensibles a las tradiciones regionales: construyen películas y novelas que son indudablemente españolas y alemanas, o aun madrileñas, berlinesas o romanas. Pero también comprenden que la posibilidad de seguir filmando, o difundiendo las películas, los videos y los libros que hablan de las culturas locales, depende del grado de control que se mantenga en las redes más avanzadas de comunicación transnacional.

¿Y en América Latina? Esta nueva coyuntura europea tal vez pueda dar más resonancia a los reclamos de cineastas argentinos, brasileños y venezolanos —entre otros— que en los últimos años, mientras sus películas ganan premios internacionales, encuentran en sus sociedades el mayor desamparo financiero, legal y aun la eliminación de las instituciones responsables, como ocurrió en Brasil con Embrafilme. Pero la producción seguirá cayendo (de 40 o 70 filmes a 3 o 4 por año, como ocurrió en los noventa en estos

---

[10] Bernard Miége, "Les mouvements de longue durée de la communication en Europe de l'ouest", en *Quaderni. La revue de la communication*, París, núm. 19, invierno de 1993.

países), si las políticas culturales desconocen la importancia de las comunicaciones masivas. Es difícil que los Estados intervengan en estas áreas estratégicas si la mayoría de los ministerios y consejos de cultura sigue creyendo que la cultura y la identidad se conforman en las bellas artes, y un poco en las culturas indígenas y campesinas, en artesanías y músicas tradicionales.

Si bien buena parte de nuestras identidades sigue arraigada en esas formaciones simbólicas tradicionales, no es posible olvidar que 70% de los habitantes viven en ciudades y un número creciente de ellos está conectado casi exclusivamente a las industrias culturales. La carencia de políticas nacionales para estas industrias las reduce a importadoras y distribuidoras de ese folclor-mundo, cuyos ejemplos prominentes son las series estadunidenses y el cine de Spielberg y Lucas. En tanto, la audiencia de cada país se va acostumbrando a que lo "normal" en los medios sean las narraciones espectaculares fabricadas a partir de mitos inteligibles para los espectadores de cualquier país. ¿Seguirán nuestras políticas culturales dedicadas a los caminos de tierra o entrarán a la cultura pavimentada, a las autopistas internacionales de la comunicación?

Del cine al espacio multimedia

Ante la negociación del GATT, los países europeos fueron más flexibles en las concesiones agrícolas e industriales que en el espacio audiovisual. "Francia puede dejar de producir patatas y continuar siendo Francia, pero si dejamos de hablar francés, de tener un cine, un teatro y una narrativa propia, nos convertimos en una barriada más de Chicago", dice un responsable de la televisión.[11]

El gobierno español aprobó cinco días antes de la firma del GATT un decreto ley que establece cuotas mínimas para el cine europeo: en las ciudades de más de 125 mil habitantes, deberá proyectarse una película de un país de la CE por cada dos de otros continentes.

---

[11] *El País*, Madrid, 11 de diciembre de 1993, p. 35.

Otras medidas establecen pagos más altos de los canales de televisión para proyectar filmes, y también se habla de que los empresarios y comerciantes de video contribuyan con una parte de lo que ganan al financiamiento del cine. Se vuelve cada vez más claro que la supervivencia del cine no depende sólo de su proyección en las salas, sino de su nuevo papel en el conjunto del campo audiovisual. Las películas son hoy productos multimedia, que deben ser financiados con aportes de los diversos circuitos que las exhiben.

No obstante, la subsistencia del cine, con toda su importancia, es una cuestión menor ante las presiones de EU para lograr una libertad total en el conjunto de las comunicaciones. Las redes ópticas, la numerización y compresión de las imágenes, harán que 500 canales "caigan sobre Europa" antes de que termine el siglo. Dice Juan Cueto, hasta hace poco tiempo director de Canal + en la TV española, que el cine es un *mcguffin* (escenas de Hitchcock que no aportan nada a la intriga, pero la hacen crecer). "El cine es una locomotora, el *mcguffin* de Hitchcock, pero lo importante de esas redes es todo lo que va detrás."

En América Latina se prevé un futuro inmediato semejante. No sólo han cerrado cines tradicionales en Buenos Aires, Sao Paulo, Caracas, Bogotá y México, mientras en algunas de esas ciudades más del 50% de los hogares posee videocaseteras y televisión por cable. La oferta de los videoclubes, el medio predominante a través del cual se conocen las películas, está compuesta en un 70 a 90%, según los países, por cine estadunidense. Las culturas europeas, con las que los latinoamericanos tenemos largos vínculos, y las de los demás países de nuestra región, no suman casi nunca ni 10% de los títulos disponibles en televisión y video.

Pero la hegemonía estadunidense es aún mayor en el control de la informática y la telemática. No existen en ninguna nación de América Latina, salvo Brasil, políticas estatales consistentes de inversión para investigar, producir equipo ni capacitar personal de alto nivel a fin de intervenir en la generación de estas innovaciones culturales ligadas a las tecnologías de punta. La subordinación unilateral a la producción tecnológica y comunicacional estadunidense se está acentuando en México desde la firma del Tratado de Libre Comercio, y se repetirá en los países latinoamericanos que adhieran a este acuerdo, porque el TLC limita la apertura de las economías nacionales a inversiones de países de otras zonas. O al menos EU y Canadá pueden pedir trato preferencial ante cualquier negociación latinoamericana con otras sociedades.

¿Otra vez el nacionalismo?

Los Estados Unidos han sido aventajados en muchos aspectos del desarrollo industrial por Alemania y Japón. Pero controlan en forma apabullante casi todo el software posindustrial, o sea los programas de información y comunicación electrónica. Luego del desmoronamiento del bloque soviético, el "american way" expande jurásicamente sus espectáculos por el universo entero. La enérgica posición europea en la negociación del GATT y las medidas internas de algunos países destinadas a proteger su producción audiovisual son unas de las pocas fuerzas consistentes que permiten imaginar un mundo simbólico donde no todo quede en manos de Hollywood y la CNN. Al menos, escribió Regis Debray, ayuda a pensar si lo que es bueno para la Columbia y la Warner Bros. —que, ya sabemos, es bueno para Estados Unidos— también lo es para la humanidad.[12]

Algunos intelectuales se alarman por lo que consideran un resurgimiento del nacionalismo, "el antinorteamericanismo, basado en mitos ideológicos" y las intervenciones estatistas que favorecen el autoritarismo. Dice Mario Vargas Llosa: "Cuando funciona libremente, el mercado permite, por ejemplo, que películas producidas en 'la periferia' se abran camino de pronto desde allí hasta millones de salas de exhibición en todo el mundo, como les ha ocurrido a *Como agua para chocolate* o *El mariachi*".[13] Estas excepciones se muestran como eso —casos raros— en cuanto uno mira el lugar

[12] Regis Debray, "Respuesta a Mario Vargas Llosa", en *El País*, 4 de noviembre de 1993.
[13] Mario Vargas Llosa, "La tribu y el mercado", en *El País*, 21 de noviembre de 1993.

escueto que tienen las películas latinoamericanas y europeas (también las asiáticas y africanas) en las carteleras de salas, televisión y videoclubes de cualquier ciudad norteamericana, o de todos los países en los que la programación está sujeta a las distribuidoras estadunidenses. En EU sólo 1% de todos los boletos que se venden en los cines son para películas en idiomas distintos al inglés.[14] No existen datos para creer lo que sostiene Vargas Llosa: que "el desvanecimiento de las fronteras, la integración de los pueblos del mundo dentro de un sistema de intercambio que beneficie a todos y, sobre todo, a los países que necesitan con urgencia salir del subdesarrollo y la pobreza", "aquellos ideales de nuestra juventud" que el socialismo no logró, hayan sido concretados por "el capitalismo y el mercado".[15] ¿Ficción de novelista?

Digamos, para concluir, que el debate europeo actual replantea las políticas de comunicación masivas transnacionales, al menos en tres puntos:

a) *Las relaciones entre lo nacional, lo continental y la globalización*. No faltan explosiones de chovinismo racista en América Latina y en Europa, que enfrenten la reestructuración transnacional de los mercados proponiendo un regreso al nacionalismo telúrico, como si en "las raíces nacionales" estuviera la única fuente del verdadero arte. Esta "horticultura de la creación", como la llama André Lange, fue siempre una estética mezquina y una sociología inverificable: "¿Cuáles son las raíces de Mozart? ¿Salzburgo que lo echó con una patada en el culo o la Europa entera que le proporcionó formas, temas, libretos?" "¿Debiera haber evitado el polaco Wajda darnos un provocador Danton?"[16] No es difícil armar un repertorio de equivalentes latinoamericanos, desde las híbridas "raíces" multiculturales del tango o el teatro de revista hasta los escritores, músicos y pintores (Octavio Paz, Ástor Piazzolla, César

---

[14] Marco Vinicio González, "Cine mexicano en Nueva York", en *La Jornada Semanal*, núm. 230, 7 de noviembre de 1993, p. 46.

[15] M. Vargas Llosa, artículo citado.

[16] André Lange, "Descartes, c'est la Hollande. La communauté Européenne: culture at audiovisuel", en *Quaderni, cit.*, p. 98.

Paternosto, por citar sólo algunos cuyos apellidos empiezan con P), reconocidos como artistas internacionales por la calidad de sus innovaciones y por su modo de hablar de lo propio sin quedarse en la aldea. La cuestión es cómo lograr, en la actual industrialización y transnacionalización de las comunicaciones, que los artistas mexicanos, argentinos o colombianos puedan comunicarse no sólo con mil o diez mil compatriotas sino insertarse en los circuitos de un *espacio cultural latinoamericano*, donde dialoguen con las voces e imágenes que nos llegan de todo el planeta.

Un asunto decisivo para que este espacio latinoamericano represente nuestra multiculturalidad es si actuará en forma descentralizada y reconociendo la diversidad de estilos y estéticas regionales. La tendencia actual es a concentrar la televisión y otros medios audiovisuales en dos o tres oligopolios: las 6 mil estaciones de radio y 550 estaciones de televisión de América Latina "representan en realidad 6 550 veces más de lo mismo, y sólo expresan una vigorosa competencia comercial por el reparto del pastel publicitario con base en una identidad de programación".[17]

b) La articulación entre los servicios públicos y los intereses privados. Precisamente por ser tan vigorosa su influencia masiva, por requerir altas inversiones y tanta eficacia, las nuevas tecnologías audiovisuales no deben depender predominantemente de los aparatos burocráticos de los Estados; por ser el espacio cultural donde más se acentúan las desigualdades y asimetrías entre sociedades tampoco pueden quedar libradas sólo a la competencia internacional entre mercados. Después de la euforia poscaída del muro y de las complicaciones que eso trajo en toda Europa, pensadores como Alain Touraine escriben que el mercado es útil para demoler al "Estado centralizado, clientelista o totalitario", pero "no constituye un principio de construcción ni de gestión de la vida social". Surgen entonces nuevas preguntas: "cómo hacer intervenir al Estado sin caer en la trampa de la defensa de tradiciones nacionales" ensimis-

---

[17] Antonio Pasquali, "Bienvenida global village", en *Intermedios*, núm. 8, México, agosto-octubre de 1993, p. 14.

madas; cómo combinar ayudas "a la creación y a la supervivencia de empresas capaces de luchar en el mercado" con "una política de mecenazgo y de ayudas indirectas mediante el apoyo a instituciones culturales, escuelas, museos, universidades y asociaciones".[18]

Otros autores, desde Jürgen Habermas hasta Dominique Wolton, insisten en la necesidad de profundizar la "construcción de un espacio público europeo", lugar de administración mixta de lo público y lo privado, que va expandiéndose al multiplicarse las traducciones de libros, las coproducciones en cine y televisión (por ejemplo, el canal franco-alemán Arte) y la apertura de columnas cotidianas en diarios nacionales a autores extranjeros. Uno de los problemas pendientes es cómo ampliar esas intercomunicaciones de la alta cultura para que incluyan también un espacio público popular, sobre todo en medios como la televisión, más dispuestos a las exaltaciones deportivas nacionalistas y a las miradas "pintorescas" sobre otras sociedades que a las referencias históricas y las confrontaciones interculturales de fondo.

Veo en las actuales polémicas europeas un intento por desfatalizar el paradigma neoliberal y no confundir la globalización necesaria de la economía y la cultura con la hegemonía estadunidense. También de este lado del Atlántico nos beneficiaríamos con este deslinde y reequilibrando lo público y lo privado, más allá de cada nación, a través de la construcción de una cultura democrática ciudadana y un espacio comunicacional latinoamericanos. Esto requiere que los Estados, junto con organismos internacionales (UNESCO, OEA, etc.) y con empresas no monopólicas y las ONG impulsen programas de coproducción y distribución, cuyo alcance continental sea respaldado por legislaciones nacionales que establezcan tiempos mínimos de pantalla en salas y televisión, no para el cine del propio país, como en el pasado, sino —como se está haciendo en Europa, con una visión más realista— para la producción latinoamericana.

c) *La necesidad de reubicar cada industria cultural —cine, televisión, video— en una política multimedia*, que incluya también la

---

[18] Alain Touraine, "La excepción cultural", en *El País*, 11 de diciembre de 1993.

publicidad y otras derivaciones comerciales de las prácticas simbólicas masivas. Actualmente el cine europeo y estadunidense se sostienen combinando las salas con otros circuitos de exhibición: la televisión nacional y extranjera, los servicios por cable, antena parabólica y video. En Italia, Francia y España la crisis del cine se atenúa compensando sus bajos ingresos en las salas con las proyecciones televisivas, donde se llega a obtener hasta 90% del financiamiento para las cintas. En Estados Unidos lo que se gana en 2 horas 40 minutos de publicidad alcanza para financiar una hora de una serie, mientras la televisión francesa necesita 10 horas de anuncios comerciales para obtener los mismos fondos. En México, en cambio, la televisión privada puede exhibir un filme todas las veces que quiera durante un año y medio erogando apenas 20 mil dólares, aunque en el primer minuto de corte comercial que hace mientras se transmite la cinta el canal gana 200 mil. Sabemos que no es fácil equilibrar con los intereses públicos y artísticos la tendencia de los empresarios audiovisuales a obtener ganancias fáciles: un proyecto de establecer en Argentina impuestos al video y a las películas emitidas por televisión para buscar la recuperación industrial del cine fue impugnado ante la justicia por los canales y los dueños de videoclubes. Para cambiar esta situación es indispensable, una vez más, que los Estados latinoamericanos asuman el interés público y regulen la acción empresarial.

Diciembre de 1994. Al terminar el año se habían realizado elecciones presidenciales y de renovación de parlamentarios en algunos de los países latinoamericanos con mayor producción audiovisual: Venezuela, Colombia, México y Brasil. Argentina tuvo una asamblea constituyente y en 1995 habrá elecciones presidenciales. No hay razones para pensar que los gobiernos que en los últimos años privatizaron radios y canales de televisión, y que —con la excepción de México— desmantelaron la infraestructura de apoyo al cine, vayan a reconocer las consecuencias funestas que ha tenido sobre la producción cultural endógena la desregulación neoliberal y su mercantilización a ultranza del espacio audiovisual. La mayoría de los partidos de oposición tampoco parecen afligirse porque produzcamos menos películas y libros, menos programas culturales de televisión, ni porque nuestros videoclubes sean apenas sucursales de Hollywood. Sólo es posible imaginar que los acuerdos de integración y libre comercio que se gestionan por toda América sirvan para reactivar las industrias culturales si incluyen una política de re-regulación y promoción pública de la cultura latinoamericana. Para que estas cuestiones al menos entren en la agenda electoral y de negociaciones internacionales sería necesaria la movilización coordinada de artistas, productores independientes y algo así como asociaciones de consumidores de cultura, por ejemplo de cinéfilos y televidentes, cuya inexistencia en América Latina es uno de los síntomas más alarmantes de nuestra desprotección como espectadores. Se trata de saber si aún es posible producir, crear, elegir como ciudadanos, o nos contentaremos con la modesta libertad del *zapping*.

7. De lo público a lo privado: la "americanización" de los espectadores

El futuro de la multiculturalidad no depende sólo de las políticas de integración nacional e internacional. Los hábitos y gustos de los consumidores condicionan su capacidad de convertirse en ciudadanos. Su desempeño como tales se forma en relación con los referentes artísticos y comunicacionales, con los entretenimientos y la información preferidos. Veamos cómo están reestructurándose las prácticas y las preferencias culturales en medio de las transformaciones de las industrias de cine, televisión y video.

Las crisis del cine a lo largo de sus cien años de historia estuvieron relacionadas casi siempre con cambios tecnológicos. La aparición del cine parlante, del cinemascope y la competencia con la televisión fueron algunas de las innovaciones que hicieron dudar de la continuidad de la industria y del lenguaje cinematográficos. En la última década, las preguntas acerca de si el cine seguirá existiendo se refieren, más bien, a la huida del público.

Se han cerrado miles de salas en todos los países latinoamericanos, como también ocurrió en otros continentes. Los cines se convierten en negocios de videojuegos, templos evangélicos o estacionamientos en Montevideo, Sao Paulo, Bogotá y México. En una sociedad con fuerte tradición cinematográfica, como Argentina, siete provincias ya no tienen salas de cine.[1]

[1] Información de la Subsecretaría de Cultura de Argentina.

Sin embargo, ahora se ven más películas que en cualquier época anterior. Pero se ven en la casa: en la televisión o en video. De los 16 millones de hogares mexicanos, más de 13 millones cuentan con televisor y más de 5 millones con videocasetera. Existen 9 589 videoclubes distribuidos en todo el país, incluso en zonas populares y en pequeños pueblos campesinos.

En ninguna sociedad la diseminación del video y la expansión de sus ganancias es más impresionante que en los EU: los ingresos por renta y venta de videos pasaron de 3.6 millones de dólares en 1985 a 10.3 millones en 1991. No es común que un negocio cultural triplique sus beneficios en seis años. Esas sumas han crecido en el mismo tiempo en que se vaciaban las salas de cine: mientras en 1989 éstas representaban 80% de la recaudación de las películas, actualmente aportan apenas 25%.

¿Cómo cambia la manera de ver cine al pasar de las salas a la proyeccion doméstica? Este texto, al sintetizar algunos hallazgos realizados en una investigación efectuada en cuatro ciudades mexicanas,[2] quiere destacar cuatro transformaciones:

a) Una nueva relación entre lo real y lo imaginario.

b) Una ubicación distinta del fenómeno fílmico entre lo público (el consumo cultural urbano) y lo privado (la recepción de entretenimientos en el hogar).

c) Una reorientación del cine en relación con la cultura nacional y transnacional.

d) El surgimiento de espectadores multimedia, que se relacionan con el cine de diversas maneras —en las salas, la televisión, el video y las revistas de espectáculos— y lo ven como parte de un sistema amplio y diversificado de programas audiovisuales.

[2] La investigación *Los nuevos espectadores. Cine, televisión y video en México, cit.*, fue coordinada por Néstor García Canclini y se realizó con la participación de Déborah Holtz, Javier Lozano Espinosa, María Eugenia Módena, Ella Fanny Quintal, Guadalupe Reyes Domínguez, Ana Rosas Mantecón, Enrique Sánchez Ruiz y José Manuel Valenzuela. Se basó en encuestas a espectadores de cine y video aplicadas en las ciudades de México, Tijuana, Guadalajara y Mérida entre 1990 y 1993.

La intimidad dentro de la multitud

El espectador de cine es un invento del siglo XX. Se pueden rastrear sus orígenes en la cámara oscura de Robertson, en los experimentos del siglo XIX con la fotografía y los rayos X, y, por supuesto, en las primeras proyecciones de los Lumiére, de Félix Mesquich y otros, cuando todavía no se sabía cómo mirar esas "vistas animadas", y el público, al advertir que la locomotora se aproximaba a la pantalla, retrocedía apresuradamente.[3]

Sólo con la construcción de salas estables, a partir de 1905, comienzan a forjarse hábitos de percepción y asistencia, una nueva distinción entre lo real y lo imaginario, otro sentido de lo verosímil, de la soledad y la ritualidad colectiva. Se aprendió a ser espectador de cine, ir periódicamente a las salas oscuras, elegir la distancia adecuada de la pantalla, disfrutar las películas solo o acompañado, pasar de la intimidad de la proyección al intercambio de impresiones y la celebración gregaria de los divos. Así se llegó a seleccionar los filmes por los nombres de los actores o los directores, ubicarlos en la historia del cine o en el conjunto de ofertas publicitarias de las páginas de cultura y espectáculos.

¿Qué queda de todo esto cuando las películas se ven por televisión, en la sala iluminada de la casa, cortadas por anuncios publicitarios, el timbre del teléfono o las intervenciones discordantes del resto de la familia? ¿En qué se convierte el cine cuando ya no se va al cine, sino al videoclub o se ve lo que al azar transmite la televisión?

El video es atractivo, ante todo, porque su renta suele costar lo mismo o menos que una entrada al cine. Además, cada video suele ser usado por varias personas, y viendo la película en la casa se evitan gastos complementarios (transporte, comidas), la inseguridad urbana, las colas y otras incomodidades. Si bien los espectadores de mayor edad, acostumbrados a las salas, lamentarán la pérdida

---

[3] Así lo relata Félix Mesquich, con motivo de la proyección de *L'Arrivée d'un train en gare de La Ciotat*, en 1896, en su texto *Tour de manivelle. Souvenirs d'un chasseur d'images*, París, Grasset, 1933, pp. 5-6. Citado por André Gaudreault y Germain Lacasse, "Premier regard, les 'néo-spectateurs' du Canada Français", en *Vértigo*, París, núm. 10, 1993, p. 19.

de espectáculo y calidad en la pantalla del televisor, muchos usuarios del video celebran la posibilidad de manejar ellos mismos la proyección, detenerla o repetir escenas, y, sobre todo, no sufrir cortes comerciales.[4] Es lógico que amplios sectores prefieran la proyección hogareña en vez de la travesía por la ciudad. Pero que el cine —tradicional estímulo para salir de la casa y usar la ciudad, lugar de tematización de lo urbano— se convierta en un impulso para replegarse en la privacidad doméstica, indica un cambio radical en las relaciones entre cine y vida pública.

El cine amplió su acción comunicacional gracias a la televisión y el video. Pero esta expansión ha transformado el proceso productivo y las maneras de ver las películas. En vez de llegar a las salas para buscar "la intimidad en medio de la multitud", como decía Carlos Monsiváis, en esa comunidad devota que se forma en el oscuro silencio frente a la pantalla, la televisión y el video fomentan la sociabilidad restringida de la pareja o la familia, con una concentración débil en el filme: permite las distracciones y hasta realizar otras actividades mientras se sigue la narración. También cambiaron, como veremos, los modos de informarse sobre lo que hay para ver, de desarrollar los gustos y relacionarse con la historia cinematográfica y con la historia nacional.

De lo nacional a lo transnacional

El éxito de lo que se llama "edad de oro" del cine mexicano —1940 a 1954, aproximadamente— se debió a la creatividad de algunos directores (Emilio Fernández, Luis Buñuel, Ismael Rodríguez) y a la presencia de actores y actrices capaces de convertirse en ídolos (Pedro Infante, Jorge Negrete, María Félix y Dolores del Río, entre otros). También a la convergencia de empresarios y apoyo estatal, y al sistema de distribución que lo difundía en casi toda América Latina. Estos factores se asociaron a una cierta capacidad de los

---

[4] Ana Rosas Mantecón, "Los públicos de cine", en Néstor García Canclini (coord.), *Los nuevos espectadores. Cine, televisión y video en México, cit.*

relatos y los personajes fílmicos para representar la cultura nacional mexicana y contribuir a la educación sentimental de las masas que migraban a las ciudades en aquellos años.

Los medios masivos contribuyeron a la formación de la ciudadanía cultural. En la radio y el cine, afirma Carlos Monsiváis, los mexicanos aprendieron a reconocerse como un todo integrado, por encima de las fracturas étnicas y regionales. Modos de actuar y de hablar, gustos y códigos de costumbres, antes desconectados o en conflicto, se reunieron en el lenguaje con que las películas representaban la irrupción de las masas y legitimaban sus estilos de sentir y pensar.[5] Además, la expansión continental del cine mexicano, como también del argentino, en los años de la Segunda Guerra Mundial y los siguientes fue propiciada por el hecho de que la industria hollywoodense se dedicó a producir cintas de propaganda bélica para las tropas estadunidenses desplegadas en Europa y abandonó el mercado latinoamericano. "Nuestra posición era privilegiada —anota Ignacio Durán Loera— porque teníamos un mayor acceso a la materia prima, al acetato, al celuloide, que en Argentina era muy difícil de conseguir en tiempos de guerra".[6]

Si bien esta situación internacional favorable fue clave para el éxito del cine mexicano, su inserción en movimientos de modernización y masificación de la cultura nacional también contribuyó decisivamente a impulsar este arte-industria. No fue sólo una actividad comercial próspera, y en verdad logró serlo porque al mismo tiempo desempeñó un papel protagónico e imaginativo en la renovación y el crecimiento de la sociedad.

Este papel del cine mexicano en la formación de la cultura audiovisual de masas y en la elaboración simbólica de procesos sociales fue decayendo por la combinación de varios factores. Los más influyentes fueron la reducción de financiamiento estatal; el

---

[5] Carlos Monsiváis, "Notas sobre el Estado, la cultura nacional y las culturas populares", en *Cuadernos políticos*, núm. 30, México, 1984.

[6] Ignacio Durán Loera, "El cine mexicano y sus perspectivas", en *Intermedios*, núm. 4, octubre de 1992. Véase también de Emilio García Riera, *Historia documental del cine mexicano*, Guadalajara, CNCA, Gobierno de Jalisco, Imcine, 1992, especialmente el tomo 3.

cierre del mercado cubano a partir de la Revolución y el achica-
miento del sudamericano por dificultades económicas; la rápida
expansión televisiva como nuevo agente de entretenimiento y for-
mador del imaginario social; la competencia del cine estadunidense
que, con mayor renovación temática y de recursos formales, así
como altas inversiones económicas y eficacia en la distribución, fue
controlando los mercados internacionales.[7]

A estos procesos hay que agregar los cambios generados en la
relación del cine con la cultura nacional desde que su principal
difusión se realiza a través de la televisión y el video. Por una parte,
estos nuevos medios facilitan una circulación más equilibrada en
todo el territorio nacional de lo que se exhibe en la ciudad de
México. En contraste con lo que ocurre con los museos, librerías y
teatros, la mayoría de los cuales se concentra en la capital, la
diseminación de canales de TV y videoclubes por todo el país, con
una programación homogénea diseñada monopólicamente, permite que los receptores de ciudades grandes y pequeñas tengan acceso
casi al mismo repertorio cinematográfico. Esta "democratización
igualitaria" se acentúa porque quienes diseñan la programación
televisiva y los catálogos de los videoclubes manejan una concepción de los gustos en que todo el país se parece.

Pero tal "unificación nacional" a través del cine distribuido masivamente es, en cierto modo, paradójica. A diferencia de las políticas educativas y culturales que a lo largo de este siglo buscaron
construir una identidad común de lo mexicano en torno de símbolos
nacionales, de actores y actrices, objetos y costumbres surgidos
dentro del país, casi 80% de las películas que circulan en video son
de origen estadunidense. Las culturas europeas con las que México
ha tenido largos vínculos, sobre todo la española, así como las
latinoamericanas, con las que compartimos lengua, historia y proyectos políticos comunes, no suman ni 10% de la oferta cinematográfica en televisión y video. El cine mexicano que se renta en los

---

[7] Véanse, por ejemplo, de Emilio García Riera, *op cit.*, tomos 4, 5 y 6; y de Hugo Vargas,
"El cine mexicano: la eterna crisis y la nueva generación", en *La Jornada Semanal*, México,
núm. 87, 29 de febrero de 1991.

videoclubes no supera tampoco el 10% y la oferta casi no incluye películas que documenten conflictos contemporáneos. Si unimos esto al predominio del cine norteamericano, es lógico, como observa Déborah Holtz, que los videófilos se relacionen con el cine pensando que "la realidad está en otra parte".[8]

Este predominio de una sola cinematografía extranjera puede resultar aún más desconcertante si se piensa que las empresas vinculadas a capitales estadunidenses, Multivisión y Blockbuster, manejan franjas minoritarias del mercado de televisión y video. El papel hegemónico de Televisa en estos medios indica que la unilateralidad de la oferta audiovisual es decisión suya y propia de sus objetivos culturales. Los intereses de esta empresa por el mercado español, latinoamericano y de habla hispana en EU, se manifiestan en unos pocos programas de entretenimiento (*Siempre en domingo*), de información (Eco) y en ciclos fugaces de películas mexicanas o de espectáculos (la Cadena de las Américas). Podemos suponer que las preferencias mayoritarias por las películas estadunidenses y el dominio abrumador de ídolos de esta nacionalidad revelados por la encuesta que realizamos en México (Kevin Costner, Arnold Schwarzenegger, Tom Cruise, Sylvester Stallone, Mel Gibson) están condicionados, en parte, por ese sesgo de la oferta y la falta de películas de otras nacionalidades.

¿Cómo ven los videófilos el cine mexicano? Lo ven en comparación con el cine estadunidense. No sólo lo demuestran el predominio de películas y actores de ese país en las encuestas, sino en la formación del juicio estético, la valoración de la espectacularidad y del tipo de divos, y, por supuesto, la relación cuantitativa de la programación: si en las salas, la televisión y el video las cintas estadunidenses cubren entre 60 y 85% de la oferta, todo lleva a identificar al cine de EU con *el* cine. En los videoclubes de Blockbuster hay un lapsus revelador en este sentido: la mayoría de las góndolas están clasificadas por "género" (acción, suspenso, comedia, infantil, etc.), y en esos exhibidores prevalece, con pocas excep-

[8] Déborah Holtz, "Los públicos de video", en Néstor García Canclini (coord.), *Los nuevos espectadores. Cine, televisión y video en México*, cit.

ciones mexicanas, el cine norteamericano. En un rincón, encontramos unas decenas de filmes europeos, latinoamericanos y algún asiático, todos unificados por la leyenda "cine extranjero". El de EU, que no aparece en tal sector, ¿es nacional o sencillamente se les define como *el* cine?

Una diferencia significativa en la relación con el cine nacional y el estadunidense se aprecia entre hombres y mujeres. Unos y otras prefieren mayoritariamente las películas de EU, pero la atracción más alta de los varones por filmes "de acción" (*thriller*, aventuras, espionaje) hace que sus respuestas concedan un porcentaje superior a las cintas estadunidenses; en tanto la preferencia de las mujeres por los temas "sentimentales" y "familiares" las vincula más con el cine mexicano. De todos modos tanto para los hombres como para las mujeres se observa que la relación con lo nacional y lo estadunidense sirve para jugar simbólicamente con la acción y la violencia social, en tanto el cine mexicano —donde estas cuestiones son menos frecuentes— proporciona los escenarios para elaborar los conflictos afectivos y familiares.

La presencia tan minoritaria en las salas y videoclubes de las cintas producidas en México no corresponde, según los datos de nuestra encuesta, al interés y la valoración hacia el cine nacional demostrados por los espectadores de cine, televisión y video en el país. Un porcentaje considerable de los entrevistados, al preguntarles qué era lo que no encontraban en los videoclubes, mencionó películas mexicanas. Si bien es clara la predilección mayoritaria por las cintas estadunidenses, no todos los sectores valoran de igual forma las mexicanas, ni eligen las mismas. El grupo de 25 a 40 años se mostró más atraído por algunas de las nuevas películas nacionales, por ejemplo *La tarea* y *Como agua para chocolate*; otras que podrían incluirse en este bloque, *Danzón*, *Rojo amanecer* y *La mujer de Benjamín*, en cambio, recibieron la adhesión de los de 45 a 60 años por la mayor afinidad de los acontecimientos narrados con la edad de los protagonistas (por ejemplo, los del 68). El porcentaje de menciones a nuevos filmes mexicanos cuando preguntamos por el título de la última película rentada, indica también que el cine nacional no es despreciado masivamente, ni el de la época dorada es el único que interesa. Pero, como apuntan las preferencias manifestadas, es evidente que no hay *un* público del cine nacional: diversas épocas, géneros y estilos, con distintas cuotas de entretenimiento y búsqueda artística, tienen sectores fieles o recientemente interesados. La pregunta que surge aquí es si las políticas cinematográficas actuales, en las que la dimensión estética de las películas es subordinada al *rating*, pueden considerar esta diversidad multicultural de las audiencias.

Cine, televisión y video: los espectadores multimedia

Hasta hace veinte años las películas lograban recuperar su costo a través de circuitos nacionales e internacionales de salas de cine. Como decíamos en un capítulo anterior, ahora deben aventurarse en muchos otros canales para no perder la inversión: la televisión nacional y la de otros países, los servicios por cable, antena parabólica y video. Estos últimos circuitos, en México y en otros países, suelen estar en manos de grandes empresas transnacionales. A medida que el cine se vuelve más dependiente de las nuevas tecnologías, se reduce la capacidad de producir películas y videos en los países latinoamericanos, donde la inversión en estos últimos campos se derrumbó en los últimos años por el adelgazamiento del gasto público y el desinterés en fomentar innovaciones técnicas de punta.

El video se ha convertido, en menos de una década, en la forma mayoritaria de ver cine. Los cinéfilos que van a las salas una vez por semana o cada quince días rentan de dos a tres películas semanalmente; a ellos se agregan los que ya perdieron el hábito de ir al cine, no se animan a atravesar una gran ciudad para llegar a la sala donde se exhibe el filme deseado, y las multitudes que nunca se acostumbraron a ir al cine y ahora ven de dos a cuatro películas por semana entre las que rentan en video y las que pasan por televisión.

El estudio que realizamos en México ofrece un perfil de estos neoespectadores. El 60% de los clientes de videoclubes es menor de 30 años. Sólo los que crecieron con los videos tienen una relación "natural" con la pantalla televisiva y les afecta menos la diferencia con la espectacularidad de las salas. Sin embargo, el video no sólo tiene éxito con los jóvenes. Entre los videófilos es mayor la proporción de los que tienen hijos que entre quienes van al cine, lo cual asocia la permanencia en la casa con las obligaciones familiares. Por razones inversas, los asistentes a salas presentan mayor número de solteros o personas que viven solas. Muchos de los que gustan ver cine en video también van a las salas, pero en este caso tan importante como el filme es el paseo familiar, la reunión con los amigos y la salida nocturna: se sale del hogar no sólo para disfrutar la cinta sino también la ritualidad previa y posterior a la exhibición.

El espectador de cine, este invento con que se inició el siglo, está cambiando en la última década. Al indagar cómo se forma el saber fílmico de los cinéfilos y videófilos, las encuestas revelan que, tanto la mayoría de los que acuden a salas de cine como quienes ven videos, desconocen los nombres de los directores. En los cines casi todo el público sale antes de que pasen los créditos; en los videoclubes, la agrupación de los filmes por géneros y la minúscula referencia a los directores en la ficha técnica, en contraste con el sobresaliente lugar de los actores y de escenas "intensas" en la portada (dramatismo, sexo o violencia), sugiere que no interesa a estos negocios ubicar las películas en la historia del cine, ni en relación con sus "autores". Mientras el acceso a la sala de cine suele estar guiado por una consulta de la cartelera y la propia historia de las preferencias, que a veces justifica trasladarse a otra zona de la ciudad, los videófilos rentan cerca de su casa y sin decidirlo previamente.

Una de las diferencias más notables entre cinéfilos y videófilos es que la relación de los segundos con las películas se da en un presente sin memoria: los videoclubes de México consideran sin interés los filmes con más de 18 meses, y para que perduren ese tiempo en exhibición deben haber dado un rédito excepcional; la insatisfacción manifestada por los clientes de videos no se refiere, casi nunca, a la falta de cintas de otras décadas, o de países que no sean EU, sino a que no haya suficientes copias de los estrenos. No importa qué video se rente, ni quién es el director, si se trata de lo último que hay para ver y si promete "acción-aventura", el género más requerido en los videoclubes. "La inmediatez y el valor de lo instantáneo se reflejan en lo que los jóvenes videófilos buscan. El número de imágenes que por fracciones de segundo se suceden, marcan el inicio del desafío a un tiempo que no corresponde al tiempo. Una ilusión de transgresión a partir del ritmo que esta realidad ficticia impone. Así, el agrado de expectación modifica la manera de ver. Como esta encuesta comprueba, los nuevos consumidores de imágenes son adictos al ritmo y en menor medida a la trama".[9]

La proliferación de videoclubes en todos los rumbos de la ciudad y la uniformidad de su oferta facilitan que el consumo sea una actividad barrial: cada uno tiene lo que hay disponible cerca de la casa. En el Distrito Federal existe un cine por cada 62 868 habitantes, y algunas delegaciones tienen menos de cinco cines, en tanto los videoclubes están distribuidos en promedio a razón de uno por cada 4 500 personas.[10]

Si el pasaje de las salas de cine a los videoclubes implica menos desplazamientos urbanos, más pasiva es aún, como se sabe, la selección de películas en televisión: el pago por evento es todavía una práctica minoritaria, y la casi totalidad de los espectadores ven sus opciones limitadas por las cuatro o seis cintas que los canales pasan cada día en el horario nocturno. La gente no ve lo que prefiere, sino que prefiere lo que le ofrecen.[11]

Diversificación de los gustos y ciudadanía

De las varias líneas que pueden desprenderse de esta investigación sobre la estética de los espectadores para analizar los cambios de la

[9] Déborah Holtz, artículo citado.

[10] Idem.

[11] Ella Fany Quintal y Guadalupe Reyes Domínguez, "Mérida: ver cine en una ciudad de provincia", en N. García Canclini (coord.), Los nuevos espectadores. Cine, televisión y video en México, cit.

cultura política, elijo dos: por un lado, el predominio de la acción espectacular sobre otras modalidades dramáticas y narrativas; por otro, la posibilidad de que subsistan cinematografías nacionales en medio de esta reorganización transnacional y multimedia de la producción y de los mercados audiovisuales.

1. Llama la atención que prevalezca en la oferta cinematográfica y televisiva, y en los gustos de los públicos, una estética de la acción en un periodo que considera extenuada la fase heroica de los movimientos políticos. Sobrevalorar la acción ha sido un rasgo frecuente en el desempeño de la política: el pragmatismo o el "militantismo" antiteórico en los partidos, la exaltación del heroísmo cotidiano y de "lo que se puede demostrar en la práctica concreta" de los movimientos sociales, y, por supuesto, esa subordinación extrema de la política al hiperactivismo que fueron las guerrillas. Con el fracaso de muchos grupos armados, la reducción de las bases militantes de los partidos, el desplazamiento de la *acción* a la *actuación* política en los medios, y la institucionalización de movimientos sociales, el heroísmo radical fue cediendo espacio a la negociación y otras formas mediatas de disputa por el poder.

Entre todos estos cambios, la transferencia de la escena política a los medios electrónicos es el procedimiento que preserva de un modo más apolítico lo que la política tiene de acción. Porque se trata de una acción teatralizada. No olvido que la política, desde los solemnes discursos parlamentarios hasta los rituales cotidianos en que se marcan las jerarquías, siempre tuvo su lado teatral. Pero la espectacularización televisiva lo acentúa y modifica, así, el sentido del actuar político.

Fernando Collor, Carlos Menem y Alberto Fujimori son algunos de los líderes que en los años recientes cultivan este cambio. Sus campañas publicitarias preelectorales y durante su ejercicio como gobernantes, asignan a sus acciones con el deporte un papel decisivo para construir sus imágenes públicas. Menem ha tratado de exhibirse omnipotente jugando en un mismo día futbol y tenis, conduciendo aviones y coches deportivos, difundiendo aventuras con modelos exuberantes. A propósito de Collor, Renato Janine Ribeiro dice que sus programadores de imagen transmitieron "una impresión de eficiencia, fuerza y juventud, dando a la opinión pública la noción de que por la fuerza del cuerpo y de la voluntad el presidente vencería los problemas del Brasil, de la inflación al subdesarrollo".[12] No es la acción propiamente política (menos aún el debate argumentado) lo que se ofrece para resolver los problemas sociales, sino la fuerza bruta. El héroe político massmediático se basa en ella más que en su inteligencia o habilidad. Dentro del folclor de estos tres personajes, no conozco situación que mejor evidencie este desplazamiento semántico de lo que se entiende por acción política —y de paso su convergencia con la acción en los medios— que cuando George Bush recibió al presidente de Brasil en los Estados Unidos llamándolo "Indiana Collor". Ribeiro anota la curiosa lectura de los filmes de *Indiana Jones* hecha por Bush: "El personaje de Spielberg es, antes que nada, un arqueólogo, un intelectual. El recurso del cineasta para volverlo simpático, aun sirviendo al saber (causa que generalmente parece aborrecible al público de masas), fue sobre todo la energía que utilizaba en esa causa, y que constituía como un segundo ser. Ni Bush ni Collor, sin embargo, mostraron en sus gobiernos especial simpatía por el estudio, por la dimensión científica de Indiana. Más aún, la fase 'heroica' de la presidencia Collor se distinguió por la fuerte y explícita aversión al medio universitario, científico y cultural. En suma: *Indiana Jones*, en la referencia de Bush, es un héroe más de fuerza que de conocimiento".[13]

No siempre el desenlace de la transubstanciación de la acción política en acción comunicacional es tan feliz como ocurrió con el derrumbe de Collor en Brasil. Ribeiro concluye que la destrucción de la esfera pública provocada por estos presidentes heroicos puede tener efectos de rebote contra ellos cuando los ciudadanos y los medios se alían para restituir la dignidad de lo público. Sin embargo, la historia reciente de América Latina dice que son más numerosas las situaciones en que las sociedades aceptan esa transubstanciación

[12] Renato Janine Ribeiro, "A política como espectáculo", en Evelina Dagnino (org.), *Anos 90. Política e Sociedade no Brasil, cit.*
[13] *Idem.*

y prefieren encontrar en la escena política héroes parecidos a los del cine o la televisión.

El consenso mayoritario mantenido por los gobiernos de Menem y Fujimori parece nutrirse en una cierta complacencia con ese modo de exhibirse omnipotentes y en su capacidad de demostrarlo en la estabilidad financiera. Si se toman en cuenta las evidencias de estancamiento productivo, el aumento del desempleo y la pobreza, hay que pensar que el voto masivo a esas figuras no se debe a su poder para transformar los países y generar bienestar, sino a ese poder más modesto que consiste en haber superado el pánico de periodos de hiperinflación e inestabilidad. Correlativamente, los fracasos electorales de los partidos de oposición en los últimos años son interpretados en Argentina, Perú, México y otros países como expresión del temor a lo que se puede perder si hay cambios, si se desestabiliza la economía, regresa la inflación y no se puede seguir disfrutando de ciertos bienes. El hecho de que estas interpretaciones aparezcan ligadas a preocupaciones por el consumo da la medida de su lugar en la conformación de las opiniones ciudadanas y vuelve menos sorprendente tanto el papel de los medios para generar consenso como la significación positiva de las acciones frívolas con que los políticos se muestran poderosos.

Se ha pretendido explicar el consenso de las mayorías a los gobernantes que las perjudican por los efectos evasivos de los medios, cuyo modelo sería el predominio del entretenimiento enajenante sobre la información concientizadora en las industrias culturales norteamericanas. Me parece más atractiva esta otra línea de hipótesis: habría una correspondencia (no una determinación mecánica) de las estructuras narrativas, el auge de la acción espectacular y la fascinación por un presente sin memoria en el cine y la televisión con cierta visión anecdótica más que argumentativa en el discurso político y con una reelaboración del heroísmo político, construida precisamente a través de los medios, según la cual los líderes ostentan su poder no en los cambios estructurales de la historia sino en minirrelatos de virtuosidades ligadas al uso del cuerpo y al consumo. En esta misma dirección podemos correlacionar la declinante asistencia a lugares de consumo cultural público (cines, teatros) y el repliegue hogareño en los entretenimientos electrónicos con el descenso de las formas públicas de ejercicio de la ciudadanía.

2. La otra cuestión que me interesa explorar es si las cinematografías nacionales, como parte de las culturas propias de cada país, pueden subsistir en las actuales condiciones de los mercados audiovisuales. Responderlo implica conocer qué posibilidades tienen las cinematografías latinoamericanas de reformular sus proyectos para insertarse en las nuevas relaciones entre fuentes de financiamiento, productores, directores, distribución y promoción, y, por supuesto, con los diversos tipos de público que en parte asisten a las salas, pero sobre todo dedican las noches y los fines de semana a los videoclubes y las pantallas de televisión.

Ante todo, podemos decir que los estudios de público no condenan a las salas de cine como si fueran resabios del pasado. Si bien las encuestas revelan que prefieren ver las películas allí sobre todo los más jóvenes, solteros, y quienes tienen más de 50 años, las salas siguen siendo atractivas para todas las edades y niveles sociales: la predilección por conocer las cintas en los cines supera el 50% en las cuatro ciudades mexicanas analizadas, pero en ninguna pasan de 36% quienes efectivamente lo hacen. Las prácticas estarían más cercanas a los deseos, explicaron los encuestados, si las proyecciones en pantalla grande tuvieran calidad, fueran más diversificadas, se limpiaran y restauraran periódicamente las salas, y se ofrecieran servicios complementarios (estacionamiento, bebidas, etc.) que hagan grata la asistencia.

El éxito multitudinario de algunas películas mexicanas, como *Sólo con tu pareja*, que tratan temas de interés para jóvenes, o de filmes que relacionan la historia nacional con la intimidad cotidiana, *Como agua para chocolate*, *Rojo amanecer* y otros semejantes, indica que las cintas mexicanas que trascienden los estereotipos de éxito comercial también pueden hallar audiencia. El excelente eco que tienen las Muestras Internacionales de Cine en la ciudad de México, como lo comprobamos al estudiar el comportamiento de los espectadores en 1991, reveló que una oferta de calidad puede atraer de modo selectivo a un público relativamente amplio predispuesto a relacionarse con filmes de exigencia y capaz de establecer con ellos una relación más compleja que la de simple entretenimiento.

Sin embargo, el hecho sobresaliente en la actual reestructuración del mercado es la segmentación de los públicos: por una parte, una élite, con formación en historia del cine, que va a la Cineteca, las muestras anuales, los cineclubes y sigue las proyecciones con pocos cortes de los canales de televisión cultural (11 y 22); por otro lado, una audiencia enorme que ni se entera de que existe algo más allá de la oferta de Televisa y los videoclubes.

Quizá sea posible construir circuitos intermedios. Así comienza a suceder en ciudades grandes y medianas donde se establecen "salas de arte" pequeñas, con programación múltiple cada día; o cuando la televisión comercial, y no sólo la "cultural", cumple también esta tarea. Los matices del gusto del público masivo encuestado en los cines y videocentros, las demandas de lo que quisieran ver en televisión y video, señalan una diversificación y complejidad mayor de la audiencia que la que suponen quienes la dividen entre cultos y entretenidos.

El sistema de videoclubes, por el veloz ascenso económico logrado dedicándose casi exclusivamente al cine de entretenimiento de origen estadunidense, parece condenado a ser el circuito más monótono en repertorio. En México y otros países su unilateralidad estética es más bien resultado de la definición pragmática del negocio que de una atención cuidadosa a los intereses y preferencias de los usuarios. En cierto modo, el "descuido" hacia las diferenciaciones internas en la masa de videófilos corresponde al tipo de consumo despersonalizado, con menos ritualidad que en las salas de cine, sin elecciones preelaboradas: la enorme mayoría de nuestros encuestados declaró que va al videoclub sin saber qué rentará.

No obstante, algunos sectores minoritarios comienzan a informarse en las secciones periodísticas que dan cuenta de las novedades de video y en algunos medios que presentan breves críticas. Además, existen suficientes ejemplos de países latinoamericanos con videoclubes mejor nutridos, tanto en la calidad como en la representatividad internacional (Argentina, Brasil, Colombia), y que funcionan con buenos rendimientos, como para pensar que tener a Jan Jarmusch, Derek Jarman y lo mejor del cine latinoamericano, no hundiría a los comerciantes de video en México. Algunas películas del nuevo cine mexicano autorizan pronósticos optimistas: *Danzón*, que vendió 25 mil casetes, no es el único ejemplo. En esta perspectiva, ni la televisión, ni el video son sustitutos de las salas de cine; más bien existe una interdependencia entre los tres medios, que puede contribuir, tal como ocurrió en países europeos, a revitalizar la producción cinematográfica.

Cabe concluir que la integración del campo audiovisual se apoya no sólo en la complementación de cine, televisión y video en la producción y la distribución. Al ver cómo están cambiando los hábitos de los públicos, comprobamos que también desde la perspectiva de los receptores deben pensarse las soluciones para el cine combinando la oferta en salas, televisión y video. El cine es hoy un proceso multimedia, seguido por espectadores multimedia.

Tal vez esta visión integrada de los variados circuitos de salida de las películas y una mayor atención a las diversidades culturales de los públicos podría liberarnos de la uniformidad espectacular con que hoy se busca enfrentar la crisis de audiencia. El cine-mundo no parece ser la única vía para intensificar los vínculos de las películas con los públicos, ni para levantar las declinantes cinematografías nacionales. Hasta las cintas de Spielberg y de otros astutos multiculturalistas de mercado suelen desfallecer por la obsesión de meter a toda costa ingredientes atractivos para públicos de todas partes. Ni hablar de lo que ocurre con directores menos expertos, que van eliminando la verosimilitud de la historia a medida que las exigencias de coproducción internacional hacen aparecer o evaporarse a actores y personajes. Cuando parecía que la película de Raúl de la Torre, *Funes, un gran amor,* iba a contar con capitales estadunidenses, el dueño del prostíbulo era de esa nacionalidad; luego, el dinero que llegó fue italiano y se decidió que lo interpretara Gian María Volonté. "Esta circunstancia origina una categoría de personajes:

los extranjeros. En numerosos films argentinos recientes aparecen curiosos personajes que deambulan sin entender nada de lo que está pasando; a veces incluso lo confiesan. El ejemplo más evidente es el Volonté de *Funes*..., que transita por el film mascullando frases ininteligibles, y que al final huye despavorido, al mismo tiempo del prostíbulo de la ficción, de la historia absurda del film y del grotesco proyecto en el que fue embarcado".[14]

La demanda numerosa de filmes que traten temas históricos y problemas sociales contemporáneos evidencia que el entretenimiento *light* no es la motivación exclusiva por la cual se sigue mirando cine. En amplios sectores, que aumentan en las franjas más jóvenes y las de mayor escolaridad, el tratamiento problemático de cuestiones actuales, cercanas a la vida cotidiana, y también de asuntos interculturales y de innovaciones artísticas, son estímulos para asistir. La diversificación de los gustos puede tener algo que ver con la formación cultural de una ciudadanía democrática.

La pregunta pendiente es en qué medida esta variedad de intereses será tenida en cuenta por las políticas de producción y distribución de películas, incluso cuando no sean las más redituables. Es difícil que sin un papel más activo del poder público en la definición de las reglas de uso y circulación del cine, por ejemplo buscando mayor financiamiento en televisión y video, pueda promoverse un cine de calidad que sirva también para las salas y atienda algo más que el incremento de las ganancias. ¿Cine para el público o para los empresarios? ¿Es ésta una opción excluyente?

[14] Raúl Beceyro, "El cine por venir", en *Punto de vista*, núm. 47, Buenos Aires, diciembre de 1993, p. 8.

8. Políticas multiculturales e integración por el mercado*

Para ver qué podían hacer con uno de los proyectos más fatigados —la integración regional— los presidentes latinoamericanos programaron dos reuniones en 1994, en dos ciudades emblemáticas: en junio en Cartagena de Indias con el gobierno español; en diciembre en Miami con Clinton, y sin Fidel Castro.

Ya hace 500 años se hizo el primer ensayo de incluir a este continente en una economía-mundo. Al instaurar métodos homogéneos de control del trabajo para diferentes regiones se logró unificar estilos locales de producción y consumo. La cristianización de los indígenas, su alfabetización en español y portugués, el diseño colonial y luego moderno del espacio urbano, la uniformación de sistemas políticos y educacionales fueron consiguiendo uno de los procesos homogeneizadores más eficaces del planeta. Quizá con la excepción de los países árabes no existe otra zona en que un número tan grande de Estados independientes compartan un mismo idioma, una historia, una religión predominante, y que además hayan tenido una posición más o menos conjunta, durante cinco siglos, en relación con las metrópolis.

* Este trabajo es una reelaboración y ampliación del presentado en el Foro *Visión Iberoamericana 2000*, realizado por la UNESCO en Cartagena de Indias, Colombia, del 16 al 18 de marzo de 1994. Dicho encuentro tuvo el propósito de preparar un conjunto de documentos para la reunión de presidentes iberoamericanos que se efectuó en junio del mismo año, en esa ciudad colombiana.

Sin embargo, esta integración histórica contribuyó poco a impulsar un desarrollo económico consistente y a hacernos participar en forma competitiva en el intercambio mundial. En el área cultural, pese a la multiplicación de organismos integradores desde los años cincuenta (OEA, CEPAL, ALALC, etc.), ni siquiera hemos logrado establecer entre los países de América Latina formas de colaboración duradera y de conocimiento recíproco. Sigue siendo casi imposible encontrar libros centroamericanos en Montevideo, Bogotá o México. Nos enteramos por las agencias de noticias estadunidenses que filmes argentinos, brasileños y mexicanos ganan premios en festivales internacionales, pero eso no ayuda a que sus imágenes recorran el continente. Nuestras publicaciones, películas y obras musicales entran tan poco y tan mal en Europa y Norteamérica como nuestro acero, nuestros cereales y nuestras artesanías.

Hace dos décadas, el desarrollismo —como otras tendencias de modernización evolucionista— atribuía la desintegración y el atraso latinoamericanos a los "obstáculos culturales", esas tradiciones que diferencian a cada región. Se confiaba en que nuestras sociedades, al industrializarse, lograrían modernizarse en forma homogénea y se vincularían con más fluidez. En parte, esto ocurrió: es más fácil comunicarnos a través de las redes televisivas que mediante los libros, por medio del fax que por el correo.

De cualquier modo, persisten marcadas diferencias étnicas, regionales y nacionales entre los países latinoamericanos. Hoy pensamos que la modernización no va a suprimirlas. Más bien las ciencias sociales tienden a admitir la heterogeneidad de América Latina y la coexistencia de tiempos históricos diversos, que pueden articularse parcialmente pero no diluirse en algún estilo de globalización uniforme. La heterogeneidad multitemporal y multicultural no es un obstáculo a eliminar, sino un dato básico en cualquier programa de desarrollo e integración.

No obstante, los acuerdos de libre comercio que propician una mayor integración económica (el TLC entre México, EU y Canadá, el Mercosur, y otros convenios que se gestionan entre varios países latinoamericanos) se ocupan poco de las posibilidades y los obstáculos que colocan la creciente desintegración social y la baja integración cultural en el continente. Las políticas culturales de cada país y los intercambios con los demás se siguen trazando como si la globalización económica y las innovaciones tecnológicas no estuvieran reorganizando las identidades, las creencias, las formas de pensar lo propio y los vínculos con los otros.

Indígenas en la globalización

Tal vez ayude a entender los desafíos actuales de la pluriculturalidad en el desarrollo latinoamericano, distinguir dos de sus modalidades: *a*) Por un lado, existe la multietnicidad. *b*) Por otro, la multiculturalidad surgida de las formas modernas de segmentación y organización de la cultura en sociedades industrializadas.

La importancia de la multietnicidad se hace más visible en las rebeliones y movilizaciones indias. Pero su complejidad es insoslayable en la vida diaria: muchas ramas de nuestra economía no pueden desarrollarse sin la participación de los 30 millones de indígenas que viven en América Latina. Estos grupos poseen territorios diferenciados, lenguas propias (cuyos hablantes aumentan en algunas regiones) y hábitos de trabajo y consumo que los distinguen. La resistencia de cinco siglos de los aymaras con unos dos millones y medio de personas, los mapuches con unos 700 mil, los mixtecos con más de medio millón, los mayas, los nahuas y quichés con casi dos millones cada etnia, y los aproximadamente diez millones de quechuas, los mantienen como partes fundamentales de Chile, Bolivia, Perú, Ecuador, Guatemala y México.

No faltan estudios sobre lo que representa esta multietnicidad en los procesos de modernización e integración. Al volverse más problemática la noción misma de modernidad y evidenciarse que los modelos metropolitanos de desarrollo no son mecánicamente aplicables en América Latina, pierde fuerza la concepción de la historia que veía a las tecnologías modernas como antagónicas de las tradiciones no occidentales. De ahí que se preste más atención al papel a veces positivo de las diversidades culturales en el crecimiento económico y en las estrategias populares de subsistencia; se acepta que la solidaridad étnica y religiosa puede contribuir a la cohesión social, y que las técnicas de producción y los hábitos de consumo tradicionales sirven como base de formas alternativas de desarrollo.[1]

En algunas sociedades obtienen consenso políticas multiculturales que reconocen modos diversos de organización económica y representación política. Algunos ejemplos: los programas de etnodesarrollo aplicados en varios países latinoamericanos, la legislación que garantiza la autonomía de los indígenas en la Costa Atlántica nicaragüense y las reformas jurídicas sobre cuestiones étnicas que actualmente se gestionan en México son indicios de un pasaje parcial del indigenismo paternalista a modalidades más autogestivas. Pero esos ensayos de reformulación no se cumplen sin resistencias de élites racistas, que siguen viendo a las culturas indígenas como residuos anacrónicos o simples supervivencias de interés folclórico y turístico. Por otra parte, muchos grupos indígenas se niegan a integrarse, ni siquiera en sociedades pluralistas, porque consideran que las etnias son "naciones en potencia", unidades políticas enteramente autónomas.[2]

Estos conflictos se intensifican en tanto la política económica neoliberal, al acentuar en la última década la pobreza y la marginación de los indígenas y mestizos, agrava la migración y el desarraigo, los enfrentamientos por tierras y por el poder político. Los conflictos interculturales y el racismo crecen en muchas fronteras nacionales y en todas las grandes ciudades del continente. Nunca ha sido tan necesario como ahora elaborar políticas educativas, comunicacionales y de regulación de las relaciones laborales que fomenten la convivencia democrática interétnica. En algunos países, como

---

[1] Lourdes Arizpe, "Pluralismo cultural y desarrollo social en América Latina: elementos para una discusión", en *Estudios Sociológicos*, vol. II, núm. 4, México, enero-abril, 1984. Rodolfo Stavenhagen y Margarita Nolasco, *Política cultural para un país multiétnico*, México, Universidad de las Naciones Unidas, 1988.

[2] Guillermo Bonfil Batalla (comp.), *Hacia nuevos modelos de relaciones interculturales*, México, Consejo Nacional para la Cultura y las Artes, 1993.

Perú y Colombia, el deterioro de las condiciones económicas campesinas y urbanas es uno de los principales soportes de los movimientos guerrilleros, de las alianzas entre luchas campesinas y narcotraficantes, y de otras explosiones de desintegración social. El fundamentalismo aislacionista de algunos movimientos étnicos o paraétnicos, como Sendero Luminoso, exaspera las dificultades de cualquier proyecto de integración. En Estados Unidos la reestructuración de las condiciones laborales y el creciente racismo agudizan la represión a los migrantes latinoamericanos, contradiciendo las tendencias integrativas de los acuerdos de libre comercio.

Pero pese a los estallidos sociales con que sigue presentándose la interculturalidad, su problemática no puede entenderse sólo en términos de antagonismo entre dominantes y subalternos. Así como existen cambios promisorios en las políticas de algunos gobiernos, están surgiendo en grupos indígenas nuevos modos de relacionar sus tradiciones con la modernización.

Algunos movimientos actuales que reclaman enérgicamente su autonomía cultural y política exigen a la vez que se les integre de un modo pleno al desarrollo moderno. Se apropian de los conocimientos, los recursos tecnológicos y culturales modernos. Combinan procedimientos curativos tradicionales con la medicina alopática, siguen técnicas antiguas de producción artesanal y campesina a la vez que usan créditos internacionales y computadoras. Buscan cambios democráticos autónomos en sus regiones y una integración igualitaria en las naciones modernas. Los campesinos guatemaltecos, mexicanos y brasileños envían por fax informes sobre violación de derechos humanos a organismos internacionales; indígenas de muchos países usan videos y correo electrónico para transmitir su defensa de formas alternativas de vida.

Al menos en estos casos, las dificultades de la integración socioeconómica no parecen deberse principalmente a la incompatibilidad entre lo tradicional y lo moderno. Los fracasos de las políticas globalizadoras derivan de la falta de flexibilidad de los programas de modernización, la incomprensión cultural con que se aplican y, por supuesto, la persistencia de hábitos discriminatorios en instituciones y grupos hegemónicos.[3] Las reformas del Estado, que se limitan a desregular servicios y subordinar responsabilidades públicas a intereses privados, están haciendo muy poco por abrir la gestión social a los múltiples estilos de vida y a las variadas formas de participación requeridas por los sectores marginados.

Desencuentros entre políticas culturales y consumo

Los dilemas de la pluriculturalidad no se reducen en este fin de siglo a los conflictos multiétnicos, ni a la convivencia de regiones diversas dentro de cada nación. Las formas de pensamiento y de vida construidas en relación con territorios locales o nacionales son sólo una parte del desarrollo cultural. Por primera vez en la historia la mayoría de los bienes y mensajes que se reciben en cada nación no se han producido en su propio territorio, no surgen de relaciones peculiares de producción, ni llevan en ellos, por lo tanto, signos que los vinculen exclusivamente con regiones delimitadas. Proceden, como ya lo analizamos, de un sistema transnacional, desterritorializado, de producción y difusión.

Desde los años cincuenta, la principal vía de acceso a los bienes culturales, además de la escuela, son los medios electrónicos de comunicación. El porcentaje de hogares con radio y televisión en América Latina es semejante, y en algunas zonas mayor, al de hogares en que sus miembros complementaron la escolaridad primaria. La escasa integración latinoamericana propiciada por los libros de texto, concentrados en la historia nacional y a menudo distorsionadores de la historia de los países vecinos, no es mejorada al complementarse con la información sin espesor histórico, superficialmente conectada con la "actualidad mundial" en la televisión y la radio. El enorme consumo massmediático, superior al de muchos países metropolitanos, como señalé antes, no es sostenido por

---

[3] Sobre estos temas, véase de José Jorge de Carvalho, *O lugar da cultura tradicional na sociedade moderna, cit.*; y de Roger Bartra, *Oficio mexicano*, México, Grijalbo, 1993.

una producción endógena para los medios electrónicos que informe y vincule adecuadamente a los países de América Latina. Como el cine, la televisión —y en menor medida la radio—, priorizan la información y los entretenimientos que provienen de los Estados Unidos. La representación de la diversidad de las culturas nacionales es baja en todas nuestras naciones, y menos espacio se concede aún a los otros países latinoamericanos.

En suma: plantear en este fin de siglo los problemas de la multiculturalidad en relación con sus actores principales —las industrias de la cultura— y con su tendencia predominante —la globalización— requiere examinar cómo se comportan los responsables de las políticas culturales. Conduce, asimismo, a preguntarnos quiénes pueden integrarse a los actuales procesos y cuáles serán las condiciones para democratizar las integraciones transnacionales.

Veamos, primero, un breve cuadro del modo en que son tratadas (o desatendidas) estas cuestiones por los organismos protagónicos:

1. Las políticas culturales de los Estados siguen centradas en la preservación de patrimonios monumentales y folclóricos, y en promover las artes cultas que están perdiendo espectadores (plástica, teatro, música clásica). Las acciones públicas respecto de las industrias electrónicas se redujeron al privatizar radios, canales de televisión y otros circuitos de difusión masiva, en los cuales se había intentado sostener —casi siempre con poco éxito— programas artísticos e informativos que representaran la diversidad cultural.

2. En cambio, las grandes empresas privadas transnacionales (las estadunidenses, pero también Televisa y Rede Globo) se dedican desde hace décadas a los medios de comunicación más rentables y de mayor influencia. Logran así una intensa penetración en la vida familiar y se convierten en los principales organizadores del entretenimiento y la información masiva. La producción de programas recreativos por algunas empresas latinoamericanas con amplia cobertura transnacional favorece una mayor presencia de temas y estilos nacionales o "hispanoamericanos" en las pantallas domésticas: los recientes estudios de público indican que su atractivo es alto para las clases populares, mientras las personas con mayor escola-

ridad prefieren las series, las películas y la música estadunidense.[4]
Pero me parece que la cuestión central hoy no es cuántos mensajes
extranjeros o nacionales circulan (aunque esto siga importando), sino
el desdén o la apatía con que unos y otros programas —ya sea *Dallas*,
Cristina, o *Siempre en domingo*— tratan a las culturas minoritarias
o regionales no consagradas por el folclor-mundo. Y sobre todo, la
censura impuesta a los debates sobre la propia sociedad y la falta de
información plural indispensable para la construcción de la ciudadanía y la integración con otros países de la región.

3. Las acciones culturales de los organismos internacionales y las
impulsadas por las reuniones de ministros de cultura reproducen a
escala latinoamericana la concepción de los Estados, que prioriza
la alta cultura, el patrimonio monumental y folclórico. Dan preferencia a una visión preservacionista de la identidad y un enfoque de
la integración basado en los bienes e instituciones culturales tradicionales. Un ejemplo: de los 67 proyectos reconocidos por la UNES-
CO como actividades del "Decenio Mundial para el Desarrollo
Cultural" en América Latina, en el bienio 1990-91, 28 versaron
sobre preservación del patrimonio cultural; 17 sobre la participación en la vida cultural y el desarrollo; 10 sobre la dimensión cultural
del desarrollo; 8 sobre el estímulo a la creación y a la actividad en el
campo de las artes; 3 sobre la relación entre cultura, ciencia y tecnología, y sólo 1 se refiere a los medios de comunicación masivos.[5]

Algunos gobiernos latinoamericanos firmaron recientemente
acuerdos para que las aduanas aligeren los intercambios de libros,
obras de arte y antigüedades. También se crearon programas de
cooperación, entre los que cabe destacar la Biblioteca Ayacucho y
la Biblioteca Popular de Latinoamérica y el Caribe, la serie Perio-

---

[4] Emile McAnany y Antonio C. La Pastina, "Telenovela Audiences: A review and Meto-
dological Critique of Latin America Research", ponencia presentada al XVIII Congreso de
LASA, Atlanta, EU, marzo de 1994; y Joseph D. Straubhaar, "Más allá del imperialismo de los
medios. Interdependencia asimétrica y proximidad cultural", en *Comunicación y sociedad*,
núms. 18-19, Guadalajara, mayo-diciembre de 1993.

[5] Fernando Calderón y Martín Hopenhayn, "Educación y desarrollo en América Latina y
el Caribe: tendencias emergentes y líneas estratégicas de acción", *3a. Reunión de la Comisión
Mundial de Cultura y Desarrollo*, San José, Costa Rica, 22-26 de febrero de 1994.

libros de suplementos periodísticos con obras de prominentes escritores y artistas plásticos, la decisión de crear un Fondo Latinoamericano de las Artes y otro para el Desarrollo de la Cultura, Cátedras Latinoamericanas y Casas de la Cultura Latinoamericana y Caribeña en cada país. Todos éstos son claros avances en el conocimiento recíproco de las naciones del continente. Pero tales medidas se limitan al campo de la alta cultura escrita y a las artes plásticas y musicales "clásicas".

En tanto, los estudios de consumo cultural en grandes ciudades latinoamericanas realizados por el Grupo de Políticas Culturales de CLACSO, ofrecen cifras semejantes a las que mencionamos antes respecto de la capital mexicana: el sector vinculado con la cultura de élite no supera el 10% de la población.[6] Sin duda, es necesario expandir el apoyo a la literatura y a las artes no industrializadas, pero a fines del siglo XX no parece convincente decir que estamos promoviendo el desarrollo y la integración cultural si carecemos de políticas públicas para los medios masivos en que se informa y se entretiene el 90% de los habitantes del continente.

4. En otros circuitos, los de las ONG y de los artistas y comunicadores independientes, también se movilizan recursos culturales, desde los tradicionales saberes artesanales hasta programas radiales y videos. Con escasos fondos locales y mucho trabajo gratuito, a veces con subsidios de universidades y de fundaciones internacionales, se vienen haciendo festivales, exposiciones y talleres, redes de programas audiovisuales alternativos, revistas y libros en los que se documenta el desarrollo cultural. Según un registro del Instituto para América Latina, hay más de cinco mil grupos independientes de educación, producción cultural y comunicación en nuestra región. Valoramos sus aportes para la formación y organización de sectores populares en defensa de sus derechos, para documentar sus condiciones de vida y su producción cultural. Pero sus acciones son

---

[6] Me refiero a los textos de Carlos Catalán y Guillermo Sunkel, *Consumo cultural en Chile: la élite, lo masivo y lo popular*; de Néstor García Canclini (ed.), *El consumo cultural en México*, y de Óscar Landi, A. Vacchieri y L. A. Quevedo, *Públicos y consumos culturales de Buenos Aires*, citados anteriormente.

de alcance local y no pueden actuar como sustitutos de los Estados. Estos grupos independientes casi nunca llegan a los escenarios massmediáticos para influir sobre los hábitos culturales y el pensamiento de las mayorías.

La desarticulación entre los Estados, las empresas y los organismos independientes fomenta que, en vez de un desarrollo multicultural representativo de los países latinoamericanos, se acentúe la segmentación y la desigualdad en los consumos, se empobrezca la producción endógena y su papel en la integración internacional. En los últimos años la reducción de las inversiones públicas y las débiles acciones privadas nos colocan ante esta paradoja: se promueve mayor comercio entre los países de América Latina y de éstos con las metrópolis cuando producimos menos libros, menos películas y menos discos. Se impulsa la integración en el momento en que tenemos menos para intercambiar y el deterioro de los salarios achica el consumo de las mayorías.

La situación es aún más dramática en el campo de las tecnologías avanzadas y las autopistas de la comunicación: satélites, computadoras, faxes y los demás medios que suministran la información para tomar decisiones e innovar. La subordinación de los países latinoamericanos se agudizará al eliminar los acuerdos de libre comercio, los aranceles a la producción extranjera y los pocos subsidios al desarrollo tecnológico local. Una mayor dependencia cultural y científica en las tecnologías comunicacionales de punta, que requieren altas inversiones financieras, y a la vez generan innovaciones más rápidas, nos volverá más vulnerables a los capitales transnacionales y a orientaciones culturales generadas fuera de la región. En esta área la multiculturalidad procede no tanto de tradiciones históricas diversas sino de la estratificación engendrada por el desigual acceso de los países y de los sectores internos de cada sociedad a los medios avanzados de comunicación.

Detengámonos un momento en las nuevas formas que adopta la estratificación sociocultural según las modalidades de adscripción a los sistemas transnacionales de comunicación. Las grandes masas, sobre todo en los países periféricos, ven limitada su incorporación a la cultura global por el acceso exclusivo a la primera etapa de las industrias audiovisuales: los entretenimientos y la información que circulan en radio y televisión de acceso gratuito. Algunos grupos (minoritarios) de las clases medias y populares han podido actualizar y sofisticar su información como ciudadanos al participar en una segunda etapa del uso de medios comunicacionales, que abarca los circuitos de televisión por cable, la educación ambiental y sanitaria, la información política a través de videos, etc. Sólo pequeñas franjas de las élites empresariales, políticas y académicas están conectadas a las formas más activas de comunicación, es decir a ese tercer sistema que incluye el fax, el correo electrónico, las antenas parabólicas, la información y el intercambio lúdico que se extienden desde la filmación de videos aficionados hasta la construcción de redes internacionales de tipo horizontal. En algunos casos, pequeños sectores populares participan de estos últimos circuitos a través de la producción de periódicos, radios y videos comunitarios.

Favorecer el acceso generalizado a las dos últimas modalidades de comunicación es una condición clave para desarrollar formas democráticas actuales de ciudadanía, o sea vinculadas con la información internacional y con capacidad de intervenir significativamente en los procesos de integración global y regionales. La complejidad multinacional de problemas como los de contaminación ambiental, tráfico de drogas e innovaciones tecnológicas y culturales, requiere información que trascienda los espacios locales aun nacionales, acciones coordinadas en una esfera pública supranacional.[7]

¿Qué se está haciendo en América Latina para desarrollar las formas de ciudadanía que necesitan de los circuitos más avanzados e interactivos de difusión y consumo cultural? Si pensamos que la producción endógena y la representación de los intereses regionales en estos campos requiere, además de la organización de la sociedad

---

[7] La Comisión Económica para América Latina es uno de los pocos organismos internacionales de la región que comienza a ocuparse de estas cuestiones. Véase el documento *La industria cultural en la dinámica del desarrollo y la modernidad: nuevas lecturas para América Latina y el Caribe*, LC/G. 1823, 14 de junio de 1994.

civil, iniciativas estatales, es significativo registrar el monto de las inversiones.

¿Cuál puede ser en el futuro la presencia en el mercado internacional y la capacidad de autogestión de un continente como el latinoamericano, con una población que supera el 8.3% de la población mundial, mientras sólo participa con 4.3% de los ingenieros y científicos que trabajan en investigación y desarrollo, 1.3% de los recursos gastados mundialmente en este mismo campo?[8]

La integración cultural en tiempos de libre comercio

La integración pluricultural de América Latina y el Caribe requiere reformas constitucionales y políticas que garanticen los derechos de los diversos grupos en las actuales condiciones de globalización, promuevan la comprensión y el respeto de las diferencias en la educación y en las interacciones tradicionales. Pero es responsabilidad de los organismos públicos desarrollar también programas que faciliten la información y el conocimiento recíproco en las industrias culturales que comunican masivamente a los pueblos y a los diferentes sectores dentro de cada pueblo: radio, TV, cine, video y sistemas electrónicos interactivos.

Deben encararse políticas tendientes a formar un espacio audiovisual e informático latinoamericano. En una época en que las películas, el video, los discos y otras formas industriales de comunicación no pueden recuperar sus altos costos circulando sólo dentro del propio país, la integración latinoamericana es un recurso indispensable para extender los mercados y hacer posible la producción propia. Señalo tres propuestas que ejemplifican lo que podría ser esta política:

a) Formar mercados comunes latinoamericanos de libros, revistas, cine, televisión y video, con medidas concretas que fomenten las producciones y favorezcan la libre circulación de los

[8] *Idem*, p. 47.

bienes culturales. (Los pasos dados en este sentido, más declarativos que prácticos, evidencian la necesidad de diagnósticos más finos sobre los hábitos de consumo de los países latinoamericanos y de políticas públicas más decididas.)

b) Fijar cuotas mínimas de tiempo de pantalla, de emisión de radio y de otros bienes culturales latinoamericanos en cada país de la región. (Nótese que no sugerimos reincidir en la estrecha política que fijaba 50% para la música y el cine nacionales; esta nueva sugerencia se inspira en la ley establecida por España en diciembre de 1993 que, teniendo en cuenta las condiciones regionales de producción y circulación, establece que los cines de ciudades con más de 125 mil habitantes deben proyectar 30% de cine europeo.) La promoción de un mercado latinoamericano de bienes culturales será ineficaz si no se acompaña con medidas que protejan esa producción en la circulación y el consumo.

c) Crear un Fondo Latinoamericano de Producción y Difusión Audiovisual. Su papel sería aportar financiamientos parciales para producciones de cine, televisión y video, coordinar ágilmente a los organismos estatales, empresariales y asociativos, imaginar nuevos canales de distribución (circuitos de videotecas, programas culturales de alta calidad y atracción masiva para las televisoras nacionales y regionales, una señal de cable latinoamericano, etc.).[9]

Los acuerdos de libre comercio cultural no deben realizar una apertura indiscriminada, sino considerando los desiguales desarrollos de los sistemas nacionales, así como la protección de los derechos de producción, comunicación y consumo de las etnias y los grupos minoritarios. Es necesario regular la participación de capital extranjero, incluso de los países latinoamericanos más poderosos, o

[9] Manuel A. Garretón, "Políticas, financiamiento e industrias culturales en América Latina y el Caribe", *3a. Reunión de la Comisión Mundial de Cultura y Desarrollo*, San José, Costa Rica, 22-26 de febrero de 1994. Miguel Litin, *Carta a los Ministros Responsables de Políticas Culturales de América Latina y el Caribe.*

de transnacionales con sede en la región, a fin de evitar que las corporaciones monopólicas ahoguen las industrias culturales de los países más débiles. Pero más que restricciones, es preciso buscar convenios de colaboración que equilibren las relaciones entre los "países netamente exportadores (Brasil, México), incipientemente exportadores (Argentina, Chile, Venezuela), y netamente importadores (el resto)".[10]

Dentro de cada nación, sólo puede esperarse un desarrollo multicultural democrático si se establecen condiciones favorables para la expansión de radios y televisoras regionales, de grupos étnicos y minorías, o, al menos, tiempos de programación en que puedan expresarse diferentes culturas, sujetándose más al interés público colectivo que a la rentabilidad mercantil.

Para promover tales políticas hay que reformular el papel del Estado y de la sociedad civil como representantes del interés público. Se ha dicho que es necesario acabar con los sobreprotectores Estados populistas para reducir riesgos centralistas, clientelistas y de corrupción burocrática. Pero luego de una década de privatizaciones no vemos que las empresas privadas hagan funcionar mejor los teléfonos, ni las aerolíneas, ni eleven la calidad de los programas en las radios y televisoras. Más que encerrarnos en el dilema Estado *vs.* mercado, hay que concebir políticas que coordinen a los diversos actores participantes en la generación e intermediación cultural.

No se trata de restaurar al Estado propietario, sino de repensar el papel del Estado como árbitro o garante de que las necesidades colectivas de información, recreación e innovación no sean subordinadas siempre al lucro. Para superar los riesgos del intervencionismo estatal y la frívola homogeneización del mercado sobre las culturas, es necesario salir de la opción entre uno y otro dando espacios para que surjan múltiples iniciativas de la sociedad civil: movimientos sociales, grupos artísticos, radios, televisoras independientes, sindicatos, agrupamientos étnicos, asociaciones de consumidores, de radioescuchas y televidentes. Sólo la multiplicación

---

[10] Rafael Roncagliolo, *op. cit.*

de actores puede favorecer el desarrollo cultural democrático y la representación de múltiples identidades. El nuevo papel de los Estados y de los organismos internacionales (UNESCO, OEA, SELA, ALADI, etc.) consistiría en reconstruir el espacio público, entendido como lo colectivo multicultural, para que en él los diversos agentes (los propios Estados, las empresas y los grupos independientes) negocien acuerdos que desarrollen los intereses públicos. El ejercicio de formas de ciudadanía responsables, a la medida de las transformaciones de los escenarios socioculturales, de las formas actuales de consumo e integración transnacional, requiere estos cambios en las políticas de comunicación y cultura.

Tercera parte

Negociación, integración y desenchufe

9. ¿Negociación de la identidad en las clases populares?*

Pocas tareas son tan necesarias para repensar la ciudadanía como vincular la negociación con los otros conceptos manejados en este título. En trabajos recientes que buscan redefinir qué es identidad, qué es clase y qué es popular, el análisis de los procesos de negociación constituye un recurso clave. Pero coloco el título entre signos de interrogación porque la reestructuración actual de los escenarios políticos y comunicacionales exige preguntarse si tal negociación es posible.

Sin desconocer que cada uno de estos términos tiene una historia y una problemática específica, quiero tratar conjuntamente las crisis de la identidad, de las clases sociales y de lo popular. Esto es posible en tanto existe una crisis convergente de las concepciones ontológico-fundamentalistas de la identidad, de las concepciones histórico-dialécticas de las clases y de las concepciones melodramáticas de lo popular. Para caracterizar sintéticamente la orientación de esta triple crisis diré que estamos pasando de la afirmación épica de las identidades populares, como parte de las sociedades nacionales, al reconocimiento de los conflictos y las negociaciones transnaciona-

* Este capítulo se basa en la ponencia que presenté en el seminario *Entre el acontecimiento y la significación: el discurso sobre la cultura en el nuevo mundo*, que tuvo lugar en Trujillo, España, en diciembre de 1992.

les en la constitución de las identidades populares y de todas las demás.

No obstante, en este fin de siglo confrontamos una reorganización de los mercados simbólicos y políticos en que se diluyen los espacios de negociación. Ya se indicó en capítulos anteriores que, al subordinar la acción política a su espectacularización en los medios, se va reduciendo la importancia de los partidos, los sindicatos, las huelgas, las manifestaciones públicas y masivas, en fin, las instancias donde las negociaciones pueden efectuarse.

Por último, quiero aclarar que, al hablar sobre "la negociación de la identidad", me ocuparé sobre todo de los aspectos culturales y sólo aludiré ocasionalmente a las dimensiones políticas de la negociación. Por lo mismo, voy a centrarme más en las cuestiones de la vida cotidiana, o de la interacción entre políticas culturales y receptores populares, que en la negociación como problema institucional, sindical o de movimientos con sólida organización.[1]

Fundamentalistas y eclécticos

Una reflexión actual sobre estos temas debe partir de la crítica a las *concepciones ontológico-fundamentalistas de las identidades*, que en parte realizamos en páginas previas. Vimos el agotamiento del romanticismo y el nacionalismo como bases ideológicas de la conceptualización sobre la identidad. Ya no podemos considerar a los miembros de cada sociedad como perteneciendo a una sola cultura homogénea y teniendo por lo tanto una única identidad distintiva y coherente. La transnacionalización de la economía y de los símbolos ha quitado verosimilitud a ese modo de legitimar las identidades. Si seguimos la clasificación de Arjun Appadurai, existen al menos

---

[1] Para un balance más abarcador sobre los estudios de cultura popular, véanse los libros de Chandra Mukerji y Michael Schudson (eds.), *Rethinking Popular Culture. Contemporary Perspectives in Cultural Studies*, Berkeley-Los Ángeles-Oxford, University of California Press, 1991; y de Claude Grignon y Jean-Claude Passeron, *Lo culto y lo popular. Miserabilismo y populismo en sociología y literatura*, Buenos Aires, Nueva Visión, 1991.

cinco procesos contemporáneos que desafían esa caracterización telúrica y nacionalista de identidades aisladas: *a*) *ethnoscapes*, o sea, movimientos poblacionales de inmigrantes, turistas, refugiados, exiliados y trabajadores temporales; *b*) *technoscapes*, es decir, los flujos producidos por las tecnologías y las corporaciones multinacionales; *c*) *finanscapes*, los intercambios de moneda en mercados internacionales; *d*) *mediascapes*, repertorios de imágenes e información creados para ser distribuidos a todo el planeta por las industrias culturales, y los *ideoscapes*, modelos ideológicos representativos de lo que podría llamarse la modernidad occidental: concepciones de democracia, libertad, bienestar y derechos humanos, que trascienden las definiciones de las identidades particulares.[2] A estas matrices ideológicas, agregaría otras formas de pensamiento tradicional no occidentales (orientales y latinoamericanas, por ejemplo) que se difunden en varios continentes.

Frente a estas transformaciones contemporáneas que relativizaron los fundamentos de las identidades nacionales, algunos sectores creen encontrar en las culturas populares la reserva última de tradiciones que podrían jugar como esencias resistentes a la globalización. El reavivamiento de nacionalismos, regionalismos y etnicismos en esta última curva del siglo XX pretende reducir el *trabajo histórico* de la construcción y readaptación incesante de las identidades a la simple exaltación de tradiciones locales. El fundamentalismo belicista con que actúan muchos movimientos — desde la ex Yugoslavia y la ex URSS hasta ciertos grupos latinoamericanos — anula todo espacio de transacción. Para tales sectores la identidad no es algo que se pueda negociar; sencillamente se afirma y se defiende.

Estos movimientos expresan, en parte, demandas identitarias sofocadas o mal asumidas durante la constitución de las naciones

---

[2] Arjun Appadurai, "Disjuncture and Difference in the Global Cultural Economy", en Mike Featherstone (ed.), *Global Culture, Nationalism, Globalization and Modernity*, Londres, Newbury Park, Nueva Delhi, Sage Publications, 1990. Véase también de Daniel Mato (coord.), *Teoría y política de la construcción de identidades y diferencias en América Latina y el Caribe*, Caracas, Unesco-Nueva Sociedad, 1994.

modernas. En varios casos, su dogmatismo y violencia son proporcionales a la opresión que se impuso a vastos sectores sociales y a la torpeza con que la orientación neoliberal de la globalización desconoce las particularidades étnicas y regionales. ¿Por qué sostenemos, entonces, que estas reacciones fundamentalistas están en crisis y no tienen porvenir? Para quedarnos en América Latina, diré que tales maneras de "resolver" la cuestión de la identidad son irreales en países con una composición sociocultural muy heterogénea, que lleva siglos interactuando con los procesos de internacionalización moderna. Es poco creíble —y menos practicable— reducir los múltiples modos de ser argentino, brasileño o peruano a un paquete fijo de rasgos arcaicos, a un patrimonio monocorde y ahistórico.

Las políticas que reconocen un papel importante a la negociación tienen sustento en el papel constitutivo de las transacciones en el desarrollo de las culturas. Me referí ya a los estudios antropológicos sobre las actuales estrategias de trabajo, comercialización y consumo de los indígenas latinoamericanos: la defensa enérgica de sus patrimonios étnicos y de su autonomía política no está reñida con las transacciones interculturales y la integración crítica a la modernidad. Los indígenas buscan con frecuencia utilizar las técnicas más avanzadas de producción y consumir bienes industriales, reclaman acceso a la educación y a las comunicaciones masivas. Si bien subsisten movimientos étnicos que resisten la occidentalización, amplios sectores se apropian de los conocimientos, los recursos tecnológicos y culturales modernos.

La adopción de la modernidad no es necesariamente sustitutiva de sus tradiciones. Con frecuencia, los indígenas son eclécticos porque han descubierto que la preservación pura de las tradiciones no es siempre el camino más apropiado para reproducirse y mejorar su situación. Como mostramos en un libro anterior a propósito de los cambios en las artesanías,[3] las reformulaciones negociadas de su iconografía y de sus prácticas tradicionales son tácticas para exten-

---

[3] Néstor García Canclini, *Culturas híbridas: estrategias para entrar y salir de la modernidad*, *cit.*, cap. V.

der el comercio y obtener dinero que les permita mejorar su vida cotidiana. El consumo multicultural, con el que buscan satisfacer sus necesidades aprovechando sus recursos tradicionales y los de diferentes sociedades modernas, confirma esta reubicación dúctil de los sectores populares. Pero cabe preguntarse si esa versatilidad como productores los ayuda a ser ciudadanos.

No hay que optimizar las imaginativas adaptaciones de los grupos tradicionales. Como señala Eduardo Menéndez en sus estudios sobre el uso conjunto de prácticas médicas tradicionales y científicas, las transacciones que los sectores populares hacen al combinar ambos recursos suponen, en parte, "la aceptación y la 'solución' de los problemas dentro de los límites establecidos por las clases dominantes". Dentro de estos límites los estratos subalternos tratan de obtener eficacia a partir de la autoexplotación y la apropiación subordinada de la producción "externa".[4] A diferencia de los análisis de Friedrich Barth y R. C. Harman,[5] quienes ven las transacciones dentro de relaciones en las que predomina la reciprocidad, la elección de vías intermedias de negociación, asumidas como propias por los grupos populares, expresa también las dificultades para salir de su condición oprimida. Frente a la recesión económica, reclaman mejoras salariales y a la vez autolimitan su consumo. Ante la hegemonía política que no logran modificar, la transacción consiste, por ejemplo, en aceptar los arreglos personales para obtener beneficios de tipo individual. Sin embargo, el sentido de estos actos se empobrece si sólo los interpretamos dentro de un esquema de dominación-subordinación. Una mirada más amplia y minuciosa a las interacciones cotidianas de las mayorías revela que los países latinoamericanos son sociedades híbridas, donde se cruzan todo el tiempo formas distintas de disputar y negociar el sentido de la modernidad.

[4] Eduardo Menéndez, *Poder, estratificación y salud*, México, Ediciones de la Casa Chata, 1981, pp. 316-386.

[5] Friedrich Barth, *Los grupos étnicos y sus fronteras*, México, Fondo de Cultura Económica, 1976; R. C. Harman, *Cambios médicos y sociales en una comunidad maya tzeltal*, México, Instituto Nacional Indigenista.

De la épica al melodrama: la posrevolución

La reconversión de los patrimonios simbólicos tradicionales en los mercados económicos y simbólicos actuales quita consistencia y porvenir a la épica fundamentalista. Sin embargo, el esquema polar de oposición entre lo popular y lo que no lo es sigue organizando gran parte del pensamiento político y científico, no sólo en las corrientes tradicionales de derecha sino en las de izquierda, no sólo en los estudios folclóricos sino también en investigaciones sociológicas que se ocupan de procesos modernos. Así se comprueba en lo que queda de las concepciones marxistas y en otras teorías del conflicto social. El historicismo que suele nutrir estas corrientes supera la naturalización fundamentalista de los procesos sociales. Las nociones de clase y lucha de clases sirvieron para poner en evidencia que la identidad se va modificando en relación con los cambios históricos de las fuerzas productivas y de las relaciones conflictivas en la producción. En consecuencia, lo popular deja de ser definido por una serie de rasgos internos o un repertorio de contenidos preindustriales, anteriores a la masificación de la cultura, como sucede en las doctrinas nacional-populistas y en la mayoría de los estudios folclóricos. La corriente gramsciana, o sea la que mejor representa este historicismo, caracterizó lo popular no por su esencia sino por su *posición* frente a las clases hegemónicas.

No es el propósito de este artículo analizar la pérdida de atractivo de la concepción gramsciana como un efecto, quizá demasiado mecánico, del derrumbe de los sistemas y proyectos políticos llamados socialistas. Me preocupa aquí explorar la fecundidad y las dificultades heurísticas de ese modelo en relación con el estilo de investigación que propicia. Esas dificultades surgen precisamente del escaso o nulo papel otorgado en muchos estudios a la negociación.

Las obras de los antropólogos neogramscianos, sobre todo en Italia, donde se realizaron las contribuciones más valiosas al estudio de lo popular, en general eluden el riesgo del maniqueísmo: consideran con atención la "red de intercambios, préstamos, condicionamientos recíprocos"[6] entre las culturas hegemónicas y las populares. Sin embargo, en la caudalosa bibliografía que se adhirió a esta orientación durante los años setenta y ochenta en América Latina suelen reducirse las complejas relaciones entre la hegemonía y la subalternidad a un simple enfrentamiento polar. A partir de las vertientes más políticas y voluntaristas del pensamiento gramsciano se proclamó una autonomía y resistencia de las clases populares difícilmente comprobable. Muchas investigaciones se convirtieron en registro parcializado de los actos a través de los cuales los sectores populares daban continuidad a sus tradiciones en oposición a la ideología y la política hegemónicas. Ciertas tendencias del etnicismo antropológico y del socialismo cristiano, que exaltan la autonomía de las acciones y el pensamiento "de base" local, comparten hasta hoy este esquematismo.

Las derrotas de movimientos populares en los últimos años colocan en el centro del debate una pregunta ignorada por quienes basan sus investigaciones y sus prácticas políticas en esta hipótesis de la autonomía popular, asociada a un voluntarismo revolucionario o insurreccional. La pregunta es: ¿por qué las clases subalternas colaboran tan a menudo con quienes los oprimen; los votan en las elecciones, y pactan con ellos en la vida cotidiana y en las confrontaciones políticas?

Responder a esta pregunta requiere una concepción más compleja del poder y de la cultura. Advertimos que la reducción de las interacciones entre clases a permanentes conflictos, y de la política a la guerra, no permitió detenerse en las complicidades y los usos recíprocos que traman los vínculos entre hegemónicos y subalternos. La construcción de esta nueva mirada en la sociología, la antropología y los estudios comunicacionales se va logrando mediante una triple reconceptualización: del poder, de la acción de los subalternos y de la estructura de las relaciones interculturales.

Gracias a los aportes de Michel Foucault,[7] y a estudios empíricos sobre movimientos sociales, se ha pasado de percibir al poder sólo

---

[6] Alberto M. Cirese, *Ensayos sobre las culturas subalternas*, México, CISINAH, 1979, pp. 53-54.
[7] Cf. por ejemplo de Michel Foucault, *Historia de la sexualidad 1: La voluntad de saber*, México, Siglo XXI, 1977.

como una acción dominadora ejercida verticalmente sobre los dominados a una concepción descentrada y multideterminada de las relaciones políticas, cuyos conflictos y asimetrías se moderan mediante compromisos entre los actores colocados en posiciones desiguales. Ni siquiera en las concentraciones monopólicas del poder, agudizadas por las políticas neoliberales, existe una manipulación omnipotente de las relaciones socioculturales. Desde los estudios antropológicos sobre instituciones gubernamentales que se ocupan de las culturas populares hasta los dedicados a las estrategias de las corporaciones comunicacionales, se ha demostrado que su poder se conquista y renueva mediante la diseminación de los centros, la multipolaridad de las iniciativas y la adaptación de las acciones y los mensajes a la variedad de destinatarios y de referencias culturales que ordenan en cada caso sus identidades.

En los estudios que efectuamos, por ejemplo, sobre el Fondo Nacional de Fomento a las Artesanías en México y sobre empresarios privados que comercian estos productos, encontramos que el relativo consenso obtenido por ellos se debe a que sus acciones no sólo explotan económicamente a los artesanos sino que también incluyen servicios: les prestan dinero, les enseñan a manejar créditos bancarios, les sugieren cambios de técnicas y estilo para mejorar las ventas, les ayudan a realizar una comercialización cuyas reglas los artesanos tienen dificultades para entender.

Estas interacciones "solidarias" no reducen la importancia de la opresión que sufre la mayoría de los 30 millones de indígenas, y entre ellos de los 11 a 14 millones de artesanos existentes en América Latina. Pero cuando la dominación económica se mezcla con intercambios de servicios es comprensible que la conducta prioritaria de los artesanos no sea el enfrentamiento; actúan mostrando una compleja combinación de proletarios, subordinados, clientes y beneficiarios que tratan de aprovechar la competencia entre instituciones y agencias privadas.[8] En la línea del interaccionismo simbólico,

---

[8] Cecile Gouy-Gilbert, *Ocumicho y Patamban: dos maneras de ser artesano*, México, Centre d'Etudes Mexicaines et Centramericaines, 1987.

diremos que la negociación es un componente clave para el funcionamiento de las instituciones y de los campos socioculturales. Las identidades se constituyen no sólo en el conflicto polar entre clases sino también en contextos institucionales de acción —una fábrica, un hospital, una escuela—, cuyo funcionamiento es posible en la medida en que todos sus participantes, hegemónicos o subalternos, los conciben como un "orden negociado".[9] Los conflictos entre diferentes y desiguales se procesan a traves del orden, sujeto a revisiones o transacciones, que establecen las instituciones y las estructuras cotidianas más o menos institucionalizadas de interacción.

¿Cómo se ubican los grupos subalternos urbanos en relación con los conflictos y la negociación? Para contestar a esta pregunta voy a referirme brevemente a dos investigaciones de evaluación de políticas culturales efectuadas en dos países bastante diferentes, México y Argentina, pero en situaciones que tienen un rasgo común: la asimétrica e intensa interculturalidad.

El primer estudio que quiero presentar es el que realizamos en Tijuana, en el límite de México con Estados Unidos, al evaluar las acciones del Programa Cultural de las Fronteras.[10] Este programa fue creado por el gobierno de México en 1982 con el propósito de "afirmar la identidad mexicana" en la frontera norte ante la amenaza que veía en la creciente influencia estadunidense. Las acciones de ese programa estuvieron orientadas por una definición de la identidad que podríamos llamar mesoamericana, establecida desde el centro de México y en función de rasgos tradicionales derivados del desarrollo indígena y colonial, que fue más fuerte en el centro y en el sur del país que en las áridas tierras del norte de México. Los habitantes de Tijuana y de otras ciudades fronterizas, en gran parte

---

[9] Tomo la expresión de Anselm Strauss, *Negotiations. Varieties, Contexts, Processes and Social Order*, San Francisco-Washington-Londres, Lossey Bass Publishers, 1978. Para una discusión reciente de las contribuciones de este autor y de sus seguidores, véase la recopilación de sus textos efectuada por Isabelle Baszanger y la introducción de ésta: "Les chantiers d' un interaccionisme americaine", en Anselm Strauss, *La trame de la negociation. Sociologie qualitative et interactionisme*, París, L' Harmattan, 1992.

[10] Néstor García Canclini, Jenifer Metcalfe y Patricia Safa, *Políticas culturales y necesidades socioculturales en la frontera norte*, mimeo, 1989.

bilingües, cuya interacción diaria con estadunidenses ha creado una intensa hibridación, sostienen que ellos no son menos mexicanos que los de otras regiones. Por el contrario, dicen que los sesenta millones de cruces de personas por año que ocurren sólo entre Tijuana y San Diego les hacen vivir constantemente la diferencia y la desigualdad. Por eso, afirman tener una imagen menos idealizada de los Estados Unidos que quienes reciben una influencia parecida en la capital mexicana a través de la televisión y de los bienes de consumo importados. Argumentan que quienes se vinculan con la cultura estadunidense a distancia, mediante el consumo de imágenes y objetos desprendidos de las interacciones sociales, tienen una relación más abstracta y pasiva con la influencia "gringa". En cambio, quienes negocian todos los días, económica y culturalmente, están obligados a discernir entre lo propio y lo ajeno, entre lo que admiran y rechazan de Estados Unidos. Efectivamente, llama la atención cómo los indígenas migrantes se organizan en la frontera, tanto del lado mexicano como del estadunidense, de acuerdo con el grupo étnico y la zona de la cual proceden (Oaxaca, Michoacán, Guerrero). Pero —a la vez que afirman en espacios y rituales específicos su identidad originaria— reformulan su patrimonio cultural adquiriendo saberes y costumbres que les permiten reubicarse en nuevas relaciones laborales, socioculturales y políticas. Siguen siendo indudablemente mexicanos (y el racismo estadunidense se los recuerda a cada momento), pero su identidad es políglota, cosmopolita, con una flexible capacidad para procesar las informaciones nuevas y entender hábitos distintos en relación con sus matrices simbólicas de origen.

El otro estudio, que provee observaciones complementarias, confrontó el Programa Cultural en Barrios de la municipalidad de Buenos Aires con las necesidades y demandas de los pobladores de origen boliviano que lo recibieron en Villa Soldati, una de las zonas más pobres de la capital argentina.[11] Ese programa fue ideado como parte de la política del gobierno de Raúl Alfonsín, iniciado en

[11] Rosalía Winocur, *Políticas culturales y participación popular en la Argentina. Evaluación del Programa Cultural en Barrios*, tesis presentada en la Facultad Latinoamericana de Ciencias Sociales (FLACSO), México, 1992.

1983, luego de la dictadura militar, con los fines de democratizar el acceso a la cultura y promover nuevas prácticas de participación política que removieran el autoritarismo existente en el tejido social. Por una parte, intentaba hacer circular bienes culturales casi siempre restringidos a las élites (conferencias, conciertos y talleres de arte), con la hipótesis de que la democratización de las oportunidades generaría por sí sola la apropiación de esos bienes. Al mismo tiempo, algunos promotores culturales que reivindicaban el origen étnico de los pobladores, promovieron actividades arraigadas en la cultura local: algunas, como la celebración de la Virgen de Copacabana, tuvieron éxito; otras, que también parecían relacionarse con "lo propio" de esos migrantes bolivianos, encontraron poco eco. Una de las razones de esta diversa recepción fue que los habitantes del barrio estaban reorganizando su cultura para adaptarla a las exigencias de vivir y trabajar en Buenos Aires. Se vio, por ejemplo, que en las nuevas generaciones la afirmación de lo propio no implica automáticamente promover la continuidad de la lengua y de otros elementos tradicionales de ese grupo. En una entrevista le preguntaron a un joven que había llegado a la universidad y seguía viviendo en el barrio:

—¿Nunca te planteaste aprender el quechua?
—No, porque uno tiende a hacer las cosas que le resultan prácticas en lo cotidiano, a menos que yo quisiera ser antropólogo, irme a Bolivia, a un pueblito de Bolivia, no sé, me haría falta, o que yo quisiera ir a hablar con una vecina que recién llegó de Bolivia y explicarle, no sé, alguna cosa, ahí por ejemplo me haría falta aprender [...] si, que sé yo, uno de por sí va dejando las cosas que cree que no le van a servir [...]
—¿Tu mamá lo habla?
—No lo habla todo el tiempo [...] nunca nos pusimos a aprender.
—¿Y ella qué piensa de que ustedes no hablan el quechua?
—No, porque ella también piensa que no es tan imprescindible, ella nos ve a nosotros proyectados en esta sociedad y [...] simplemente ella piensa que nosotros vamos a tener que vivir

acá, que ser de acá, en esta sociedad con las cosas que existen y que son las que predominan como cultura.

No es frecuente que los pobladores de barrios marginales se expresen de un modo tan complejo. Deliberadamente elegí el discurso de un hijo de hablantes de quechua que llega a la universidad: su oscilación entre la condición de origen y la posición intelectual adquirida expresa la rapidez de las transiciones, especialmente en zonas urbanas de América Latina, y el amplio arco de negociaciones en que deben moverse los actores. Este ejemplo revela también que la pérdida de la lengua no implica que desaparezca la cohesión étnica. Ésta pasa a organizarse en torno a una *comunidad de residencia* en un barrio urbano de Buenos Aires, que es vivido como territorio propio por los bolivianos, de un modo análogo a como los migrantes mixtecos o purépechas de México se establecen en barrios populares de California, en Estados Unidos.

La investigación descubrió que la continuidad del grupo se lograba también a través de la conservación de tradiciones familiares y festivas, entre las cuales las más fuertes eran el compadrazgo y otros lazos "no modernos" de poder, a veces opuestos a la democratización de las relaciones sociales y culturales. ¿Cómo desarrollar un programa democratizador, que quería respetar las estructuras propias del grupo, si esas estructuras eran paternalistas, autoritarias, basadas en lazos de sangre más que en relaciones electivas, y si el Estado que auspiciaba estas acciones de democratización también adolecía de esos rasgos no democráticos?

Los migrantes, que vivían un proceso de adaptación a la vida en Argentina y a una gran ciudad, exigían a su vez a los promotores culturales que se adaptaran a sus códigos, formulados en parte en el aprendizaje de las negociaciones con el Estado. Los pobladores habían aprendido que según con qué sección del aparato estatal trataran, iban a encontrar diferentes imágenes: el Estado "clientelista y corrupto", el "burocrático e ineficiente", el "de lo público y gratuito", el "asistencialista" o el "autoritario". Por eso, se guiaban por esta regla: "De acuerdo al funcionario, la estrategia". Esas representaciones fragmentarias y a menudo contradictorias del Estado eran articuladas desde las estructuras de cacicazgo y de clientelismo, de solidaridad jerarquizada y asimétrica, propias de la cultura política del grupo popular.

En ese juego de relaciones no es fácil discernir qué es lo popular. Si lo tomamos como la cultura tradicional propia y local parece ser algo que sirve sólo para la vida familiar privada o para las fiestas. En tanto, la cultura moderna y hegemónica es aprendida por los pobladores para desempeñarse en el mundo público. Pero esa cultura no es sólo ni principalmente la de la modernidad ilustrada, que suele expresarse en reglas objetivas y democráticas de representatividad política, sino también una compleja aglomeración de relaciones modernas y tradicionales de poder. Así se da un paradójico dilema: los promotores con intenciones democratizadoras descubrieron que era necesario pactar con caciques internos del barrio para adquirir poder de convocatoria e insertarse en las estructuras socioculturales locales.

Estas dificultades de la "buena voluntad cultural" de los promotores para construirse un espacio entre el paternalismo del Estado y la mezcla de resistencia y autoritarismo de los grupos subalternos, revela que lo popular no puede definirse con la nitidez pretendida por los análisis socioeconómicos de clase. Los componentes culturales híbridos presentes en las interacciones de clases obligan a reconocer, junto al conflicto, la importancia de la negociación. Y la negociación no aparece como un procedimiento exterior a la constitución de los actores, a lo cual se recurriría ocasionalmente por conveniencias políticas. Es una modalidad de existencia, algo intrínseco a los grupos participantes en el juego social. La negociación está instalada en la subjetividad colectiva, en la cultura política y cotidiana más inconsciente. Su carácter híbrido, que proviene en América Latina de la historia de mestizajes y sincretismos, se acentúa en las sociedades contemporáneas por las complejas interacciones entre lo tradicional y lo moderno, lo popular y lo culto, lo subalterno y lo hegemónico.

¿Qué puede entenderse, en esta perspectiva, por lo popular? No es un concepto científico, con una serie de rasgos distintivos susceptibles de definirse unívocamente. Por lo tanto, no consiente una visión épica de su historia ni de sus prácticas, en la que "lo popular" se opusiera compacta y enérgicamente a lo que no lo es. *Popular* designa la posición de ciertos actores en el drama de las luchas y las transacciones. Por eso, algunos hemos sugerido pasar de una caracterización épica a otra teatral o melodramática de lo popular.

Sugiero reformular la pregunta original —¿por qué los sectores populares colaboran con quienes los oprimen?— junto con la siguiente: ¿por qué ningún género ha recibido tanta adhesión entre los sectores populares como el melodrama, desde el tango y el cine mexicano hasta la crónica roja y la telenovela? Jesús Martín Barbero encuentra en sus estudios sobre telenovelas que lo que se pone en juego en esos relatos es "el drama de reconocimiento": del hijo por el padre o la madre, de la mujer por el esposo, el amante o las vecinas. El desconocimiento del contrato social, de las grandes estructuras sociopolíticas, refiere en el melodrama al peso que asumen otras formas de sociabilidad primordial, como el parentesco, las solidaridades vecinales, territoriales y de amistad. Se pregunta Martín Barbero: "¿En qué medida el éxito del melodrama en estos países enlaza con el fracaso de unas instituciones sociales y políticas que se han desarrollado desconociendo el peso de esa otra socialidad, e incapaces de asumir su densidad cultural?"[12]

Del melodrama al videojuego: la pospolítica

Uno de los hechos centrales de los años ochenta y noventa ha sido el desvanecimiento de los espacios políticos de negociación. Así como el análisis microsocial de la *antropología* nos sirve para descubrir el papel clave de las transacciones y los pactos en los conflictos, el estudio *comunicacional* de cómo se están reorganizando las

---

[12] Jesús Martín Barbero y Sonia Muñoz, *Televisión y melodrama*, Bogotá, Tercer Mundo Editores, 1992, pp. 26-29.

interacciones sociales por la videopolítica lleva a percibir las tendencias que ahogan la negociación.

El carácter "abstracto" que han adquirido las luchas políticas por la incapacidad de las cúpulas burocráticas de asumir la densidad sociocultural de la vida cotidiana, se agrava en la medida en que las industrias comunicacionales sustituyen las interacciones directas por la mediatización electrónica. En las primeras épocas del populismo latinoamericano, de los años treinta a los cincuenta, o sea coincidentemente con la expansión de los primeros medios masivos (la prensa y la radio), la participación popular, a la vez promovida y mediatizada por estos agentes comunicativos, se combinaba con la organización sindical y política. Los espacios públicos, como el parlamento, y las acciones de base, que podían llegar a mítines y manifestaciones callejeras, huelgas y enfrentamientos *físicos* entre los actores de la sociedad civil y los poderes gubernamentales, daban a las negociaciones formas de interacción "concreta".

Ahora la conflictualidad social y la gestión de sus transacciones se desplazan a lugares herméticos, a fuerzas que los ciudadanos no pueden enfrentar. ¿Dónde y quiénes pueden tomar decisiones cuando una campaña electoral cuesta millones de dólares y la imagen de los candidatos no se basa en programas doctrinarios sino en adaptaciones oportunistas sugeridas por los estudios de *marketing* político? Hasta las acciones de estilización del producto (la cirugía estética del candidato, los cambios de vestimenta y lo que cobran los comunicólogos que los aconsejan) son divulgadas por la prensa y la televisión como parte del distante espectáculo preelectoral. Esta disolución de la esfera pública como ámbito de participación popular se agrava por la tecnoburocratización de las decisiones en los gobiernos neoliberales. Los conflictos se negocian entre los políticos (que cada vez son más técnicos que políticos) y los empresarios; los sindicatos y los movimientos sociales se enteran por los diarios y la televisión. ¿Qué les queda a los ciudadanos?

En este juego de simulacros, una característica común a muchos líderes que compitieron por la presidencia de sus países en las últimas elecciones latinoamericanas, es que no quieren parecer políticos. Fujimori, que no sabe karate, se hacía fotografiar durante la campaña con un "karategui" blanco y en el acto de partir un ladrillo con la mano derecha: parecía un ángel enojado, observa Beatriz Sarlo, un profeta, un karateca, que explotaba su fisonomía japonesa, cualquier cosa menos un político peruano. Carlos Menem y Fernando Collor fueron filmados practicando deportes, bailando o dialogando sobre temas frívolos con gente común. El contacto con la cultura popular se busca mediante la construcción de iconos massmediáticos, no mediante intercambios de información o el análisis de los problemas populares. Nada de discursos "intelectuales", ni de confrontaciones directas, imprevistas, con la conflictividad social. En esta etapa pospolítica, en la que se hace como si no hubiera lucha, parece que tampoco se necesitara negociar; sólo se fotografía, se filma, se televisa y se consumen esas imágenes.[13]

La manifestación más elocuente de esta tendencia que sustituye los conflictos por espectáculos se presentó cuando la guerra del Golfo Pérsico se convirtió en un videojuego. No conocimos cuerpos en luchas directas; sólo "la representación en abismo", donde la pantalla de un monitor era transmitida por la pantalla de otro monitor. Tampoco había debate —por lo tanto no podía existir negociación—, sino el alineamiento estático, casi nunca razonado, de un lado u otro lado del conflicto. En este videojuego, en que los signos son reemplazados por el simulacro, desaparece cualquier "pregunta sobre la verdad (defínase ésta como efecto de discurso o de otro modo); todas las preguntas tienen que ver con la eficacia, la destreza, la velocidad y la distancia".[14]

Cuando se pierden la distinción entre lo real y lo simbólico, y la pregunta por la legitimidad de las representaciones —cuando todo es simulacro—, no queda lugar para la confrontación razonada de posiciones, ni para el cambio, ni por supuesto para la negociación. Desaparece la disputa por la identidad porque no existe un discurso

[13] Beatriz Sarlo, "Cultura y pospolítica: un recorrido de Fujimori a la guerra del Golfo", en N. García Canclini (coord.), *Cultura y pospolítica*, México, CNCA, en prensa.
[14] *Idem.*

en relación con algo que se postule como realidad propia: apenas la sucesión desordenada de imágenes del videojuego, sin referencias externas a la seudonarración visual.

Pese a sus intenciones omniabarcadoras, la videopolítica no se convierte en la única cultura. La repercusión masiva de los melodramas transmitidos por la televisión y otros medios, así como la persistencia de reflexiones críticas y movimientos sociales de oposición, mantienen abiertas las preguntas por el reconocimiento entre los hombres y por el conflicto entre los grupos.

Quiero sugerir, entonces, una conclusión que debiera suscitar nuevas investigaciones. Los conflictos no ocurren hoy únicamente entre clases o grupos, sino también entre dos tendencias culturales: la negociación razonada y crítica o el simulacro de consenso inducido mediante la devoción por los simulacros. No es una opción absoluta, porque sabemos que los simulacros forman parte de las relaciones de significación en toda cultura. Pero establecer de qué manera vamos a negociar el compromiso entre ambas tendencias es decisivo para que en la sociedad futura predomine la participación democrática o la mediatización autoritaria.

10. Cómo habla hoy la sociedad civil

Dicen que cuando le preguntaron a Jack Lang, entonces ministro de cultura francés, qué entendía por cultura, respondió que era todo aquello para lo que tenía una Dirección General. La mayor parte de las políticas culturales que aún realizan los gobiernos en América Latina parece instalada en esta inercia burocrática. O, para decirlo rápidamente, son ruinas de un tiempo perdido.

Las críticas a las acciones de los gobiernos y los análisis de los cambios socioculturales contenidos en este libro buscan razonar la incapacidad de las políticas para hacerse cargo de lo que está ocurriendo en la sociedad civil. Cuarenta años después de que los medios electrónicos de comunicación se apropiaran de la escena pública y se convirtieran en los principales formadores del imaginario colectivo, los ministerios de cultura siguen consagrados a las bellas artes. En el mejor de los casos, se ocupan un poco de cultura popular tradicional, pero casi nunca dicen ni hacen nada respecto de las culturas urbanas modernas: el rock, las historietas, las fotonovelas, los videos, o sea los medios en que se mueven el pensamiento y la sensibilidad masivos. Se desentienden, por lo tanto, de los escenarios de consumo donde se forma lo que podríamos llamar las bases estéticas de la ciudadanía.[1]

[1] Sobre este tema, véanse los análisis de Renato Rosaldo, *Cultura y verdad*, especialmente el capítulo "Las cambiantes narrativas chicanas", México, Grijalbo-Consejo Nacional para la Cultura y las Artes, 1991; y de George Yúdice, Jean Franco y Juan Flores (eds.), *On edge. The crisis of contemporary Latin American culture*, Minneapolis y Londres, University of Minnesota Press, 1992.

Las estructuras burocráticas de los aparatos culturales estatales tienen aún los énfasis, el estilo retórico y las estrategias comunicacionales de la época en que la literatura, la pintura y la música proveían los códigos y las claves con las que se podía interpretar el mundo. Carecen de áreas institucionales dedicadas al video y la informática, y lo que queda del cine y de producción televisiva —luego de las privatizaciones— ocupa exiguos rincones del presupuesto. Los políticos que aprendieron en las últimas décadas la importancia de administrar en las comunicaciones electrónicas sus imágenes masivas manejan el presupuesto de cultura como si fueran líderes del siglo XIX, aquellos para los cuales la forma más rotunda de consagración era la escultura en bronce.

Tampoco se trata simplemente de dejarse seducir por los medios electrónicos y la masividad del *rating*. Por supuesto, no estoy sugiriendo que nos olvidemos de Brahms y Joyce, de Alfonso Reyes y Villalobos, porque ahora tengan pocos clientes. Cuando señalo que los Estados dan respiración artificial a las salas de conciertos y a las revistas de arte y literatura, estoy cuestionando que sólo se dediquen a ellas y que además se dediquen poco: dándoles apenas el aliento que les permita sobrevivir. Soy de los que piensan que aún necesitamos las tradiciones cultas y populares del arte preindustrial para encontrar la memoria de lo que nos ha hecho como somos y una manera no simplemente fascinada, menos ingenua y menos irresponsable, de preguntar si este viaje por la cultura tecnológica y los mercados masivos vale la pena.[2]

La cultura contemporánea vive en esta tensión entre la modernización acelerada y las críticas a la modernidad. Los cuestionamientos más radicales y lúcidos de la década de los noventa a la sensibilidad, el pensamiento y el imaginario posindustriales son enunciados hoy por quienes atravesaron la experiencia tumultuosa de rupturas, renovaciones y desengaños de esta segunda mitad del siglo XX. Ofrezco dos ejemplos, entre muchos que podríamos citar. Primero el de Robert Hughes, crítico de arte de *Time* y *The New*

---

[2] Ha tratado bien esta cuestión José Jorge Carvalho, *op. cit.*

York Review of Books: en el libro en que reúne los artículos con que siguió las alianzas entre arte, televisión y mercado, el balance conjunto de cómo fueron transformándose lo culto y lo masivo le permite explicar "el entumecido eclecticismo" del arte de los años ochenta en Nueva York. "Su sequía imaginativa recuerda un triste chiste ruso: hoy en día puedes pedir un filete por teléfono, y recibirlo por televisión". Sólo con una perspectiva de largo plazo, nutrida en la historia del arte, es posible darse cuenta de que los 200 mil artistas que podrían considerarse "actuales" en Estados Unidos no tienen más importancia en el desarrollo cultural "que, digamos, la clasificación de Charles Jenck de un subgrupo de neopaladianos japoneses que no habían sido catalogados por la historia de la arquitectura". No se puede esperar más, dice Hughes, de una época en que lo producido por los artistas, apremiados por el mercado, se reduce a condensar las tendencias de moda, rechazar "cualquier ideal de lenta maduración y aprovechar "cualquier recurso estilístico que llame la atención, sin preocuparse de lo estéril que puede resultar a la larga".[3]

Junto con la homogeneización y las premuras mercantiles, la otra gran amenaza que Hughes descubre sobre el arte estadunidense es su enjuiciamiento desde prescripciones morales y concepciones dogmáticas de la ciudadanía. Me interesa, por eso, cómo su último libro [4] enfrenta el moralismo puritano y racista de quienes censuraron las fotos de Mapplethorpe o suspenden los fondos de la radiotelevisión pública y, a la vez, el multiculturalismo populista cuando justifica cualquier exhibición de *"kitsch* farragoso" o el apoyo a grupos étnicos que sólo hacen artesanales *"hobbys* inocentes". Ni el rechazo a la diferencia ni su reivindicación ilimitada contribuyen a que las artes desempeñen las funciones estéticas de "desafiar, refinar, criticar" y "buscar la excelencia", que son los modos encontrados por los artistas modernos para ayudar a los espectadores a no ser ciudadanos sumisos. Hughes apuesta a que las exploraciones del

---

[3] Robert Hughes, *A toda crítica*, Barcelona, Anagrama, 1992, pp. 11-41.

[4] Robert Hughes, *La cultura de la queja. Trifulcas norteamericanas*, Barcelona, Anagrama, 1994.

arte continúen siendo recursos para escapar de las ilusiones nivela-
doras, abstractas, de la democracia occidental. Pero sostiene que
estas posibilidades se frustrarán mientras los artistas se dejen disci-
plinar por el mercado, o por las buenas intenciones de un multiculturalismo homogeneizador. Las búsquedas estéticas pueden ser el
lugar donde sigan vibrando las diferencias de calidad e intensidad,
de perspectiva y experimentación, donde recordemos que la coexistencia de etnias y culturas, su hibridación desigual, es algo muy
distante de una gran familia mundial apacible.

Sin embargo, no todo el arte que se produce ahora muestra esta
incapacidad para vincularse con las conflictivas formas actuales de
ciudadanía. Pienso, en contraste, en lo que en el jazz-rock actual se
llama "los desenchufados". Después de que Eric Clapton grabó su
"Unplugged" y encontró a millones de seguidores que preferían el
disco en que volvía a interpretar algunos de sus éxitos en la nueva
versión de guitarra acústica, la MTV comenzó a promover, desde
1990, conciertos sin electrónica, con los menores arreglos y simula-
ciones posibles. Otros músicos que habían logrado celebridad aprovechando el *playback* y el *clip*, decidieron recuperar la experiencia
de las pequeñas sesiones acústicas, las improvisaciones y los riesgos.
Sinéad O'Connor y Joe Satriani, Gilberto Gil y Stevie Ray Vaughan,
y cien más tras ellos, están grabando *unplugged* y promueven sus
discos ya no en estadios sino en salones íntimos. El mercado es
demasiado vigoroso y astuto como para perderse la oportunidad de
usar esta recuperación de la experiencia directa entre músico y
audiencia a fin de revitalizar las ventas; ya sabíamos por la moda
retro en la ropa, en el cine y en el diseño gráfico que el regreso a lo
antiguo puede impulsar negocios nuevos. Pero quizá lo que más
interesa sea la disponibilidad de músicos y oyentes para reencontrar
la evocación del momento en que se compone, una simplicidad
interpersonal sin retoques.

En las artes plásticas, en la música y en cualquier creación cultural siempre necesitamos oscilar entre la integración y el desenchufe.
Es indispensable tener información internacional, no sólo para estar
actualizados tecnológica y estéticamente sino también para nu-

trir la elaboración simbólica en la multiculturalidad de las migraciones, los intercambios y los cruces. Pero además hay momentos en que necesitamos replegarnos en lo propio, sea la peculiaridad nacional o étnica, las interacciones personales en los espacios domésticos o la modesta búsqueda individual.

La integración y la competencia con otros pueden ser estímulos, pero siguen existiendo necesidades locales en medio de la globalización. Sé que no se puede juntar fácilmente en un mismo paquete la dinámica de la creación artística con las exigencias de autonomía de los grupos sociales, sobre todo de las etnias oprimidas. Pero las preguntas de algunos jazzistas y rockeros que eliminan intermediaciones —entre ellas, las electrónicas— y buscan el sabor de las músicas africanas y latinoamericanas, tienen coincidencias con los movimientos indígenas y populares que se levantan y preguntan para qué y para quiénes sirven los procesos de integración comercial transnacionales cuando ellos carecen de las carreteras, la educación, el transporte, o sea los recursos básicos para encontrarse con sus semejantes.

Integrarse o desenchufarse

He tratado de argumentar en este libro por qué esta opción está mal planteada. A diferencia de la época en que se enfrentaban quienes colocaban todas sus ilusiones en alguna transformación mágica del Estado y quienes confiaban todo el cambio al proletariado o a las clases populares, ahora se trata de ver cómo podemos rehacer conjuntamente el papel del Estado y de la sociedad civil. Para no simplificar lo que entendemos por uno y por otra, necesitamos repensar a la vez las políticas y las formas de participación, lo que significa ser ciudadanos y consumidores.

Es claro que en el centro de esta reformulación se halla el intento de reconcebir la esfera pública. Ni subordinada al Estado, ni disuelta en la sociedad civil, se reconstituye una y otra vez en la tensión entre ambos. Me interesa lo que sugiere, en esta línea, la reflexión hermenéutica que se hace cargo también de los aportes de Habermas y Bakhtin: la esfera pública es "un campo de tradiciones en competencia", "un espacio de heteroglosia", en el "que ciertos significados y tradiciones son fortalecidos" (el papel del Estado), "pero, en el proceso, nuevas fuerzas pueden atribuir diferentes significados o énfasis a los mismos conceptos" (el papel de la sociedad civil), evitando así los riesgos de unicidad y autoritarismo.[5]

El futuro de la multiculturalidad y de la participación competitiva de las industrias latinoamericanas (materiales y simbólicas) en el mercado mundial depende de cómo combinemos esta doble vertiente de lo público. Respecto del Estado, decíamos que la temporada de privatizaciones demostró que las empresas privadas no hacen funcionar mejor los teléfonos, ni las aerolíneas, ni las comunicaciones culturales que les cedieron nuestros gobernantes. Este fracaso no justifica ninguna restauración del Estado como guardián del nacionalismo telúrico, ni como administrador eficiente, ni como agente de donaciones populistas. El desafío es más bien revitalizar al Estado como representante del interés público, como árbitro o garante de que las necesidades colectivas de información, recreación e innovación no sean subordinadas siempre a la rentabilidad comercial.

Para esto, se requiere que las políticas culturales, los partidos que critican al neoliberalismo, y los movimientos sociales, superen su concepción gutemberguiana de la cultura y elaboren estrategias consistentes de actuación en los medios. Por supuesto, hay que reformular también las razones por las cuales necesitamos la "alta cultura", o sea escuelas, editoriales, bibliotecas y museos públicos. Pero precisamos imaginar, sobre todo, cómo hacer valer el interés público en las radios y la televisión, en las tecnologías de punta, la experimentación científica y la innovación estética que están circulando por los medios masivos y las redes informáticas.

¿Es posible desenchufarse, o al menos descondicionarse, de las redes hegemónicas de información? Esta pregunta, que en los años sesenta y setenta se buscó responder mediante organismos inde-

---

[5] Roberto Alejandro, *op. cit.*

pendientes, surgidos de "la sociedad civil", desde la década de los ochenta se ve enriquecida a través de las redes informáticas. En las ciencias duras el uso de módems ha permitido desarrollar fluidas comunicaciones internacionales, dando acceso a las innovaciones simultáneamente a investigadores líderes y jóvenes, con bajos costos que a menudo son pagados por las instituciones. En las ciencias sociales, el proceso es más lento y quizá no existan tantas posibilidades de formar un espacio público científico, en el que puedan absorberse y transmitirse las informaciones cualitativas, sin reducir las particularidades socioculturales de cada país ni sus efectos en las divergencias y los debates teóricos.

Me parece que estas condiciones señalan las oportunidades y los límites de los intentos hechos para establecer un *espacio público sociopolítico* alternativo. Evidentemente, las ONG y otros centros de acción internacional se están beneficiando con la posibilidad de conocer rápidamente y sin la censura de las grandes agencias la información sobre conflictos como los de Yugoslavia o Chiapas, pero aún queda mucho por decidir acerca de qué hacer con los centenares de "páginas" de información no jerarquizada que el correo electrónico deposita en la pantalla de cualquier suscriptor cada día. Cómo valorar las opiniones, los rumores, cómo diferenciarlos de la información consolidada, y situar cada hecho en los contextos históricos y sociopolíticos adecuados cuando se carece de la experiencia más directa que da el vivir en la región. Las discrepancias entre los actores directos, los medios de prensa y las ONG informadas por vías mediatas sobre los acontecimientos de Chiapas, durante 1994, mostraron las ambivalencias de estas modalidades alternativas de comunicación. Por una parte, generaron que una multiplicidad de actores locales, nacionales e internacionales tuvieran posibilidad de influir en el desarrollo del conflicto, y sobre todo defender los derechos humanos. Pero la expansión de los canales informativos también reveló las dificultades de quienes apenas acaban de asomarse a la complejidad de una situación multicultural para situar los principios abstractos de la democracia y la justicia en relación con las condiciones específicas de la región.

Redefinición internacional de lo público

En un proceso de integración transnacional, la reivindicación de lo
público no puede ser sólo una tarea para desarrollar dentro de cada
nación. Las macroempresas que reordenaron el mercado con los
principios de la administración global han creado una especie de
"sociedad civil mundial", de la que ellos son protagonistas.[6] Con
una capacidad decisoria mucho mayor que la de los partidos políticos, sindicatos y movimientos sociales de alcance nacional, remo-
delan lo que la acción coordinada de los Estados modernos había
configurado como *espacio público*. Pero lo hacen a escala mundial
y subordinando el orden social a sus intereses privados. Por eso,
concebir el ejercicio de la ciudadanía sólo a nivel local o nacional
es el equivalente político de enfrentar a Sony o Nestlé con estrategias de comercio minorista.

Si intentamos recuperar lo público como *lo colectivo multicultural*, hay espacios de competencia de los organismos políticos y de
las redes de estudios internacionales para actuar paralelamente a
los actores empresariales transnacionalizados. Pero con sólo ver lo
que ha sido hasta ahora la agenda de la OEA o de las reuniones de
ministros de cultura, podemos intuir a qué grado de utopía aspira-
mos al pretender que en los santuarios de la diplomacia se trate de
construir una multiculturalidad democrática y una defensa del interés público internacional. No podemos, sin embargo, privarnos de
esta expectativa si pretendemos que un día la multiculturalidad y la
integración internacional sean algo más que la Cadena de las Américas de Televisa o los carteles publicitarios de Benetton.

Hemos visto, tanto a propósito de la globalización del consumo
urbano como del carácter transnacional del universo mediático, que
la esfera pública no se agota en el campo de las interacciones
políticas, ni en el ámbito de lo nacional. Lo público no abarca sólo
las actividades estatales o directamente ligadas a actores políticos,
sino también el conjunto de los actores —nacionales e internacio-

---

[6] Véase sobre este tema el libro de Renato Ortiz, *Mundializaçao e cultura, cit.*, caps. IV y V.

nales— capaces de influir en la organización del sentido colectivo y en las bases culturales y políticas de los desempeños ciudadanos. "El público es, virtualmente, toda la humanidad y, de un modo correlativo, el 'espacio público' es el medio en el cual la humanidad se entrega a sí misma como espectáculo. La palabra 'espectáculo', por cierto, puede suscitar una mala interpretación, pues el espacio público no reduce sus medios a la imagen y a la palabra espectaculares: lo componen también elementos del discurso, del comentario, de la discusión, con los más 'racionales' fines de la elucidación. Pero lo que aquí importa señalar, sobre todo, es que *especialmente* el 'espacio público social' no obedece en absoluto a las fronteras nacionales de cada 'sociedad civil' ".[7] Esta expansión del campo de las representaciones políticas nacionales se aprecia, durante el proceso de integración europea, en la importancia adquirida por el "metadiscurso" económico y político continental. También está ocurriendo con la constitución de un espacio de libre comercio en Norteamérica, que tiene efectos sobre los hábitos de consumo y el ejercicio de la ciudadanía en las tres sociedades nacionales implicadas.

"Ciudadanía europea", "internacionalización de la ciudadanía" y aun "ciudadanía global" son expresiones que comienzan a trabajarse en los años noventa.[8] ¿Pueden los procesos de democratización, que han funcionado con dificultades sólo dentro de las fronteras nacionales, extenderse a sistemas transnacionales de administración del poder, los bienes y las comunicaciones? ¿Cómo compatibilizar las nociones de derechos y responsabilidades establecidas en Occidente sobre bases laicas y a partir de una valoración específica de cada individuo con las sociedades "comunitarias" y regidas por principios religiosos? Pese a la globalización de los bienes materiales y de la información, a la convergencia planetaria en ciertos hábitos de consumo, las tradiciones y creencias locales o regionales siguen configurando diferencialmente lo público y lo privado, los procedimientos de inclusión y exclusión. Al mismo tiempo que las integra-

[7] Jean-Marc Ferry, artículo citado, pp. 18-20.
[8] Véanse los artículos de Jürgen Habermas, "Citizenship and National Identity", y de Richard Falk, "The Making of Global Citizenship", en Bart van Steenberg, *op. cit.*

ciones entre varios países y la multiculturalidad exigen buscar formas supranacionales y poslocales de administrar los conflictos, el
análisis debe considerar las diferencias persistentes: algunas por la
continuación de estilos peculiares de vida, otras porque el reordenamiento global incluye de maneras desiguales a las élites y las
masas. De todas formas estos sectores menos integrados también
encuentran, como ya señalamos, instancias de globalización en los
movimientos de derechos humanos, feministas, ecológicos, etc. En
suma, la globalización aparece como una necesidad que debe expresarse en un desempeño global de la ciudadanía, pero existen
diversas formas de ser ciudadano global.

Todo esto tiene consecuencias desafiantes para la llamada sociedad civil. Si hay alguna esperanza de que la modernización prevalezca sobre la decadencia latinoamericana experimentada en la
última década, y los Estados se renueven a fin de reasumir el interés
público, la hallaremos principalmente en la sociedad civil. Lo poco
que se ha hecho en los últimos años en esta tarea cultural prioritaria que es desfatalizar el programa neoliberal y cuestionar el
absolutismo del mercado, surgió de allí. Pero ¿quién puede decir a
esta altura qué debe entenderse por sociedad civil, más aún si
tenemos en cuenta la expansión internacional de esta noción?

Varios capítulos de este libro trataron de desconstruir la confu-
sión de la sociedad civil con el mercado y de la integración latinoamericana con los acuerdos entre gobiernos y empresarios. Pero
también señalamos el riesgo de exaltar reactivamente a la sociedad
civil, repitiendo las frustradas ilusiones que se depositaron en el
fundamentalismo y el voluntarismo populista.

Ante el péndulo maniaco entre modernización y decadencia que
exhiben los países de América Latina, ante la incapacidad de los
aparatos estatales para salir de él, volvemos a escuchar que al fin de
cuentas eso no importa porque "el pueblo es sano" o porque subsisten movimientos (ecológicos, de derechos humanos, de mujeres,
de jóvenes) en los que podría verse la promesa de una regeneración
social. Estos movimientos han sido y son valiosos como resistencia,
pero —bien dice Norbert Lechner— casi nunca superan la "reac-

ción corporativa en contra de la crisis".[9] Después de treinta años de intentar construir alternativas a los partidos y los gobiernos, en ningún país han logrado erigir proyectos globales y menos aún políticas que reestructuren los aparatos estatales y las economías en declinación.

Si la mirada se dirige al conjunto de la sociedad civil, las dudas son todavía más inquietantes. Nos preguntamos antes por qué las mayorías eligen y reeligen presidentes y parlamentos que no representan sus intereses. Las explicaciones dadas me parecen insuficientes. Quedan interrogantes para un trabajo futuro: ¿cómo entender que los partidos, sindicatos y muchos movimientos sociales prefieran cada vez más la negociación al enfrentamiento, las "soluciones" sectoriales y aun individuales a la democratización política y a la redistribución de los bienes materiales y simbólicos? ¿Cuánto contribuyen al fracaso y el descreimiento en los movimientos populares sus alianzas con fuerzas corruptas (narcotráfico, mafias) o la aceptación resignada de la explotación primitiva en los mercados informales? Conozco muy pocas investigaciones socioculturales que empiecen a dar respuestas verosímiles a estas preguntas. Pero sospecho que son claves para entender las respuestas más frecuentes recibidas por la decadente modernización neoliberal: el consenso o el cansancio.

La ciudadanía en las comunidades de consumidores

Una cuestión cardinal para la redefinición de la sociedad civil, que irrumpió una y otra vez en este libro, es la crisis de la nación. Lechner habla de un "deseo de comunidad" que cree encontrar como reacción al descreimiento suscitado por las promesas del mercado de generar cohesión social.[10] Cabe preguntarse a qué

[9] Norbert Lechner, "La búsqueda de la comunidad perdida. Los retos de la democracia en América Latina", en *Sociológica*, año 7, núm. 19, México, UAM-Azcapotzalco, mayo-agosto, 1992.
[10] *Idem.*

comunidad se está refiriendo. La historia reciente de América Latina sugiere que, si existe aún algo así como un deseo de comunidad, se deposita cada vez menos en entidades macrosociales como la nación o la clase, y en cambio se dirige a grupos religiosos, conglomerados deportivos, solidaridades generacionales y aficiones massmediáticas. Un rasgo común de estas "comunidades" atomizadas es que se nuclean en torno a consumos simbólicos más que en relación con procesos productivos. Cuesta imaginar, por eso, cómo podrían contribuir a reanimar la economía. Sólo en casos extremos de necesidad resurgen solidaridades económicas: huelgas, ollas populares, ayudas ante catástrofes. Las sociedades civiles aparecen cada vez menos como comunidades nacionales, entendidas como unidades territoriales, lingüísticas y políticas. Se manifiestan más bien como *comunidades interpretativas de consumidores*, es decir, conjuntos de personas que comparten gustos y pactos de lectura respecto de ciertos bienes (gastronómicos, deportivos, musicales) que les dan identidades compartidas.

No es posible generalizar las consecuencias sobre la ciudadanía de esta participación creciente a través del consumo. Las críticas apocalípticas al consumismo siguen señalando que la organización individualista de los consumos tiende a desenchufarnos como ciudadanos de las condiciones comunes, de la desigualdad y la solidaridad colectiva. En parte es cierto, pero también ocurre que la expansión de las comunicaciones y los consumos genera asociaciones de consumidores y luchas sociales, aun en los grupos marginales, mejor informadas de las condiciones nacionales e internacionales: las comunidades imaginarias son a veces "escenas" de evasión y en otros casos circuitos donde se rehacen los vínculos sociales rotos por la diseminación urbana o deslegitimados por la pérdida de autoridad de los partidos y las iglesias. Esta ambivalencia se encuentra, asimismo, en las comunidades construidas en torno de afinidades deportivas o gustos musicales, que pueden reavivar los estereotipos fundamentalistas y racistas del nacionalismo (como los conflictos interculturales en los campeonatos mundiales de futbol) o violencias generacionales (la discriminación moralista hacia los rockeros y las furias hacia "la sociedad" en grupos juveniles luego de conciertos de rock). El consumo sirve para pensar, pero no sólo en la dirección de la racionalidad moderna. Tampoco los partidos y los movimientos sociales lograron, ni logran, trabajar únicamente en esa dirección. De manera que podríamos concluir que los problemas que presenta pasar de público a ciudadano no son demasiado diferentes de los que siempre ha implicado que los militantes (o clientes) de partidos y sindicatos se desempeñen como ciudadanos racionales.

Las epopeyas populares siguen existiendo, y las astucias de la videopolítica son insuficientes para reducirlas a simulacro o extraviarlas en la vorágine de espectáculos deportivos, musicales y telenovelescos. Las seducciones de los medios no pueden anestesiar a la sociedad a tal punto que 40 o 50% de población en pobreza extrema no importe o sus rebeliones se evaporen. Pero sí es cierto que han cambiado estructuralmente las condiciones en que la sociedad civil puede hablar consigo misma. Mientras las acciones de masas no desplieguen intervenciones adecuadas a la extensión y la eficacia de los medios, prevalecerán las disidencias atomizadas, los comportamientos grupales erráticos, conectados más por el imaginario del consumo que por deseos comunitarios. La investigación social apenas comienza a ocuparse de estas nuevas relaciones entre sociedad civil y política, tan diferentes de las concebidas desde el paradigma liberal moderno. Entre tanto, encuentro bien descripto en algunos textos literarios el drama de esta comunicación social dispersa. Diamela Eltit introduce así su estudio sobre el discurso de un marginal en Santiago de Chile: "Jirones de diarios, fragmentos de exterminio, sílabas de muerte, pausas de mentira, frases comerciales, nombres de difuntos. Es una honda crisis del lenguaje, una infección en la memoria, una desarticulación de todas las ideologías. Es una pena, pensé. Es Chile, pensé".[11]

Una lectura sin ilusiones voluntaristas de las sociedades contemporáneas da pocos motivos para estar en favor de los excluidos y los

[11] Diamela Eltit, *El padre mío*, Santiago de Chile, Francisco Zegers Editor, 1989, p. 17.

explotados. Sólo por amor a los desesperados conservamos todavía la esperanza, decía Walter Benjamín. Agregaré que también es posible justificar la solidaridad, como artistas, escritores y científicos, en tanto disfrutamos de cierta emancipación, o al menos tenemos interés en que sigan formando parte de la vida social la emancipación y la renovación de lo real, eso que se nombra utopía.

El pensamiento posmoderno nos incitó durante los años setenta y ochenta a librarnos de las ilusiones de los metarrelatos que auguraban emancipaciones totalizantes y totalitarias. Quizá sea hora de emanciparnos del desencanto. Si bien la descripción de lo social que hacen las ciencias sociales nos confronta hoy con datos duros de la decadencia latinoamericana, también hemos visto que los cambios socioculturales ofrecen signos de esperanza. No es fácil hallarlos en las monótonas políticas culturales, ni en las regresivas políticas sociales que actualmente rigen. Tal vez de ese desacuerdo surja la incitación para redescubrir el papel de los intelectuales en relación con los Estados y la sociedad civil.

Quiero sintetizar este desafío diciendo que no estamos obligados a creer cándidamente en la sociedad civil, ni a cuidar calculadoramente los límites de lo gobernable y el realismo del poder. "Los intelectuales hablan como si fueran ministros", observó Ricardo Piglia, y "la política se ha convertido en la práctica que decide lo que una sociedad *no* puede hacer. Los políticos son los nuevos filósofos: dictaminan qué debe entenderse por real, qué es lo posible, cuáles son los límites de la verdad".[12] Se me ocurre que nuestra primera responsabilidad es rescatar estas tareas propiamente *culturales* de su disolución en el mercado o en la política: repensar lo real junto con lo posible, distinguir la globalización de la modernización selectiva, reconstruir desde la sociedad civil y con el Estado una multiculturalidad democrática.

---

[12] Ricardo Piglia, *Crítica y ficción*, Buenos Aires, Siglo Veinte, 1990, p. 177.

Esta obra se terminó de imprimir
en septiembre de 1996, en
TIDISA S.A de C.V.
Asturias 57 Col. Alamos
México, D.F.

La edición consta de 2,000 ejemplares